到这里看植物,

感觉不一样了,

历史上的人和事与当下的草木勾连起来,

欣赏的层面似乎又多出一些。

但我不会只以赞美的口气来叙述所见所闻,

相反,

我是尽可能以挑剔、反省的眼光来看现象。

动机、目的都是好的,

希望此地天人和谐、永续发展。

崇礼博物散记

A NATURAL HISTORY OF CHONGLI

刘华杰 著

北京大学出版社
PEKING UNIVERSITY PRESS

图书在版编目(CIP)数据

崇礼博物散记 / 刘华杰著. —北京：北京大学出版社，2021.12
ISBN 978-7-301-32574-2

Ⅰ.①崇… Ⅱ.①刘… Ⅲ.①区(城市)—概况—张家口 Ⅳ.①K922.24

中国版本图书馆CIP数据核字（2021）第202959号

书　　　名	崇礼博物散记 CHONGLI BOWU SANJI
著作责任者	刘华杰　著
责任编辑	郭　莉
标准书号	ISBN 978-7-301-32574-2
出版发行	北京大学出版社
地　　　址	北京市海淀区成府路205号　100871
网　　　址	http://www.pup.cn　　新浪微博：@北京大学出版社
微信公众号	通识书苑（微信号：sartspku）
电子信箱	zyl@pup.pku.edu.cn
电　　　话	邮购部 010-62752015　发行部 010-62750672　编辑部 010-62707542
印　刷　者	天津图文方嘉印刷有限公司
经　销　者	新华书店
	787毫米×1092毫米　16开本　23.25印张　302千字 2021年12月第1版　2021年12月第1次印刷
定　　　价	128.00元

未经许可，不得以任何方式复制或抄袭本书之部分或全部内容。
版权所有，侵权必究
举报电话：010-62752024　电子信箱：fd@pup.pku.edu.cn
图书如有印装质量问题，请与出版部联系，电话：010-62756370

测一测，对崇礼你了解多少？

1. 张家口市的崇礼区，何时才启用"崇礼"二字作地名？　　　　（　　）
   A. 清代乾隆年间　　　　　　B. 1934 年
   C. 1949 年　　　　　　　　　D. 2015 年

2. 崇礼区的主城区在哪里？　　　　　　　　　　　　　　　　（　　）
   A. 大境门　　　B. 嗡南营　　　C. 西湾子
   D. 太子城　　　E. 把图湾

3. 最能代表崇礼的两种本土野生植物是什么？　　　　　　　　（　　）
   A. 胭脂花和卷耳　　　　　　B. 冀北翠雀花和山蒿
   C. 细叶白头翁和麻花头　　　D. 三花顶冰花和唐松草

4. 下述哪家滑雪场不在崇礼区？　　　　　　　　　　　　　　（　　）
   A. 万龙滑雪场　　　　　　　B. 太舞滑雪场
   C. 富龙滑雪场　　　　　　　D. 新雪国滑雪场
   E. 云顶滑雪场

5. 从北京北站（西直门站）乘高铁到崇礼太子城站，需要多长时间？（　　）
   A. 大约 30 分钟　　　　　　B. 大约 70 分钟
   C. 大约 100 分钟　　　　　 D. 大约 150 分钟

6. 崇礼人说的"大豆"和"地豆豆"分别指的是什么植物？　　（　　）
   A. 蚕豆和石生悬钩子　　　　B. 赤豆和绿豆
   C. 豌豆和马铃薯　　　　　　D. 牛叠肚和马铃薯

7. 崇礼话中的"日粗"和"大帮"分别是什么意思？　　　　　（　　）
   A. 出勤和大伙儿　　　　　　B. 勤奋和帮派
   C. 废话和帮助人　　　　　　D. 吹牛和土匪

测一测,对崇礼你了解多少?

8. 关于汉诺坝组地层,哪个描述是准确的? ( )
   A. 第三纪地层　　　　B. 第四纪地层
   C. 侏罗纪地层　　　　D. 三叠纪地层

9. 从崇礼太子城遗址发掘出土文物看,当年的行宫建筑属于什么朝代? ( )
   A. 唐代　　B. 宋代　　C. 辽代　　D. 金代

10. 《和平日报》的前身是哪家报纸? ( )
    A. 《文汇报》　　　　B. 《扫荡报》
    C. 《北平日报》　　　D. 《张家口日报》

11. 张家口市"内外一统"石刻所在的位置是哪里? ( )
    A. 察汗陀罗村　　　　B. 大境门外西沟
    C. 大境门北不远处　　D. 乌拉哈达村

12. 在崇礼最早创办塞北滑雪场,被称作"崇礼雪业第一人"的是谁? ( )
    A. 郭敬　　B. 单兆鉴　　C. 朱阅平　　D. 杨成

13. 关于葶苈和山葶苈,下列哪个描述是错误的? ( )
    A. 它们均是十字花科植物　　B. 葶苈多年生,山葶苈一年生
    C. 花均为白色　　　　　　　D. 加工后均可食用

14. 下列关于地理方位的叙述哪个是错误的? ( )
    A. 赤城县在崇礼区的西侧　　B. 宣化区在崇礼区的南侧
    C. 龙关镇在崇礼区的东南侧　D. 沽源县在崇礼区的东北方向

15. 下列关于"张库大道"的叙述哪条是不准确的? ( )
    A. 其中"库"指库伦,即今日蒙古国乌兰巴托
    B. 鼎盛时期为元末明初
    C. 运货主要用牛车和骆驼
    D. 商道上的运货人被称为"走草地的"

答案

1. B; 2. C; 3. B; 4. D; 5. B; 6. A; 7. D; 8. A; 9. D; 10. B; 11. C; 12. A; 13. B; 14. A; 15. B。

崇礼区啕南营古戏楼

田震琼 绘　2021年7月9日

翼北翠雀花
Delphinium siwanense

李聪颖 绘 2021年8月11日

河北张家口崇礼
尊崇三百三千之礼
你不熟悉的革命老区
天主教教友村西湾子
汉蒙满回及东西方交汇

张库大道起点
草原天路
2022年冬季奥运会
滑雪胜地
野花绽放

美丽的植物
像我们一样的生灵
全人类加在一起，只是一个物种
箭报春、囊花鸢尾、高山紫菀、柳叶鼠李
每个都是独特的物种
心灵自大，散射了平等看世界的目光
野生花草减少，生活少了色彩
万物共生，世界才永续
伤害它们，就等于伤害自己

龙胆科翼萼蔓（*Pterygocalyx volubilis*）

野花，喜欢就在地观察

为了明天、明年还能看到它们

不宜采挖

在其所属的野地

任其自在生存，灿烂芬芳

假装喜爱，把它们植到花园和私宅

也许也能侥幸存活，却失掉了本真

它们不再美丽

尊重草木，手下留情

大地上的罪行,怎么可以原谅?

我参与了其中的很多,另一些我躲在一旁围观。

有些我认为很美,让它们得以出版。

(节选自巴西诗人安德拉德的《花与恶心》)

目 录
Contents

写在前面 / 1

第 1 章　地理地质 / 10

1.1 到达崇礼 /15

1.2 崇礼地名沿革 /17

1.3 记住郭敬这个人 /27

1.4 崇礼方言 /36

1.5 气温低，没蚊子 /41

1.6 汉诺坝组玄武岩 /45

1.7 崇礼附近区县的好去处 /54

第 2 章　分形边疆 / 60

2.1 治世金汤不在城：水晶屯长城 /60

2.2 "人头山"古长城的春花 /66

2.3 太子城村与泰和宫 /73

2.4 啕南营古戏楼 /85

2.5 关帝庙中的"连环画" /92

2.6 四区县交汇区的韩家窑 /97

第 3 章　西湾旧事 / 105

3.1 《和平日报》特派记者谢蔚明 /105

3.2 崇礼拉锯与国民党媒体抹黑 /110

3.3 比利时神父高乐康的叙述 /112

3.4 《文汇报》讲述的内幕 /113

3.5 西湾子的教堂与天主教信众 /115

3.6 "大主教"收缴西湾子教会武装 /118

3.7 西湾子天主教简史 /119

3.8 清廷对传教士的态度 /125

第 4 章　时空草木 / 132

4.1 野外植物考察之 OODA 环 /134

4.2 冀北翠雀花：最能代表崇礼的野花 /137

4.3 伪"蒙疆"政权下的罂粟种植 /148

4.4 "地豆豆"和四大特产 /149

4.5 大境门登高 /158

4.6 列当科疗齿草 /160

4.7 粗根鸢尾与脬囊草 /168

4.8 学会欣赏山蒿：低山植树高山养草 /175

4.9 慎言"迁地保护" /185

4.10 行道树和路边绿篱 /189

4.11 崇礼可引种槲寄生 /192

4.12 刚毛忍冬与美丽茶藨子 /195

4.13 点地梅属的吸引 /203

4.14 由东南向西北横穿崇礼区 /216

4.15 箭报春和山菥蓂 /224

4.16 毛山楂、红花鹿蹄草和兴安繁缕 /233

第5章 内外一统 /241

5.1 民国《张北县志》的叙述 /242

5.2 张自成的身份 /244

5.3 以讹传讹的"处士"和"文人" /248

5.4 石刻"内外一统"的几层含义 /251

5.5 摩崖石刻记录皇帝亲征盛事 /254

5.6 对张自成仕途与死因的另类推衍 /257

第6章 植物图谱 /261

白花丹科 /262	百合科 /264	报春花科 /266
车前科 /269	唇形科 /270	豆科 /273
花荵科 /277	桔梗科 /278	堇菜科 /279
景天科 /280	菊科 /282	兰科 /289
藜芦科 /290	蓼科 /291	列当科 /293
柳叶菜科 /295	龙胆科 /296	牻牛儿苗科 /297

毛茛科 /298	蔷薇科 /305	茄科 /307
忍冬科 /308	瑞香科 /310	伞形科 /311
芍药科 /312	石蒜科 /313	石竹科 /314
薯蓣科 /315	十字花科 /316	檀香科 /318
天门冬科 /319	天南星科 /320	卫矛科 /321
罂粟科 /322	鸢尾科 /323	紫草科 /325

第 7 章 图像记录 / 326

7.1 崇礼区城市小景 /326

7.2 施工工地 /328

7.3 冬季即景 /329

7.4 夏秋景色 /330

参考文献 / 332

后　记 / 340

写在前面

遥现天路近，近识物华清。

——（明）熊伟《吟翠屏山》

在人们的印象中，来崇礼，就是为了滑雪。没错，这里有多家相当棒的滑雪场，如太舞、云顶、万龙、多乐美地、长城岭、富龙、翠云山银河等滑雪场。交通、食宿也十分方便。住宿有7天连锁、汉庭、悦龙、双龙、太舞、容辰、香雪、富龙、梦特芳丹、密苑云顶、汤Inn温泉、崇礼源宿等酒店可选。近年来，崇礼发展迅速，已成为首都北京周边著名的旅游目的地。在崇礼也经常能看到挂着全国各地牌照的小汽车。

崇礼城区位于张家口东部一条不算很宽的山谷中，当年此地叫西湾子，法国著名博物学家谭卫道（大卫神父）曾到这里考察。崇礼，听起来很古朴，实际上1934年才有"崇礼设治局"，1936年才有"崇礼县公署"，2016年它成为河北省张家口市的一个区。

崇礼，有许多好玩儿的事情，比如冬滑雪、夏观花。实际上可一季滑雪，三季观花。崇礼植被丰富，山地以白桦、山杨、华北落叶松林木为主，林缘和草地上草本植物美不胜收。春、夏、秋三季都有美丽的野花绽放。花儿为自己开放，如果你喜欢它们，它们也为你盛开！

北京2022年冬季奥林匹克运动会申办成功，崇礼迎来了千载难逢的机遇。从2015年开始，河北崇礼（多地）、赤城（闫家坪、新雪国工地）以及北京延庆（松山、大海陀）均大兴土木。崇礼的许多山岭、沟谷布满重型机械，树林、草地等不同程度地遭到破坏，一些小山沟（如葫芦窝铺东北的几条沟）也被违法倾倒了大量垃圾。但愿这是暂时现象，也盼望有关部门统筹规划，加强管理。为了美丽的崇礼，为了崇礼人的明天，宜尊重大自然，保护好祖先的遗产，慎重开发。

2016年，中国科学技术出版社出版了我的《崇礼野花》一书（刘华杰，2016a）。杨虚杰女士为策划、编辑该书付出了辛勤劳动，李聪颖女士为图书绘制了封面插图，林海波先生为图书进行了高效而颇有风格的排版、装帧设计（我的多部书由他设计），刘铁飞先生、李潘女士、崇礼区科协对其进行了推荐，中国科协原党组成员、书记处书记沈爱民先生撰写了书评《〈崇礼野花〉：人生旅途中记得看花》（沈爱民，2016）。2016年8月19日，《崇礼野花》在北京奥林匹克公园会议中心举行了首发式，会上我曾说："我想通过个人的一点儿努力，使奥运有所不同。听起来好像吹大牛，一个小人物能影响奥运？不过，我是认真的。如今，办奥运牵扯到的人力、财力和物力巨大，对环境、生态、自然资源的影响也很大。从2008年北京奥运会，到伦敦奥运会，再到刚刚结束的里约奥运会，对环保的要求越来越高，现代奥运即所谓绿色奥运。崇礼地处塞北，其生态环境要比长城以南的地区脆弱，这部小册子也是为了传达生态冬奥、绿色冬奥的理念，为冬奥会增加点绿色成分。"当时记者也作过采访，以下摘录几段。

问：你觉得观花能改进旅游，听起来因果关系怎么不那么明显？

刘：哈哈，这需要解释一下。发展旅游业，总会给生态环境造成一定的压力，如果考虑不周，自我约束不足，情况就会变糟。很多地方为了发展旅游，破坏了环境，这么做有点儿得不偿失。旅游开发有许多模式，我希望推动一种可持续的、符合生态原则的模式。2015年8月，冬奥会举办权确定后，崇礼的基础设施建设，特别是房地产开发进入了快车道（之前的几年已经在提速）。一些人去屋空的小村庄也缓过神儿来，有的甚至活跃起来。我编这本小书，首先是想让崇礼本地人进一步发现家乡的美丽，从而更加热爱自己的家乡，保护好自己的家乡。其次，是想提高旅客的环保意识，希望人们能够明白，只有尊重当地习俗，不破坏当地自然生态，才能长久地，甚至永远地欣赏崇礼美丽的大自然。其三是提醒有关部门慎重。不能太短视，要合法地、合乎自然生态伦理地开发。

问：你对张家口以及崇礼了解多少？

刘：有一些了解，但还要继续了解。张家口各区县我都一一去瞧过：北部的张北和康保，西部的尚义和怀安，南部的蔚县，东部和东北部的沽源、崇礼、赤城，东南部的宣化、下花园、怀来、涿鹿等。当然，有的地方看得细，有的地方只是大致瞧瞧。张家口地貌类型极其多样，有沙漠、草原、湿地、小山、高山、大岭等，植物多种多样。张家口有大量古迹，文化资源极为丰富。不过，我只是表面上了解了一些，观观光，拍拍照片，没有专门去研究。但我认为，关于张家口，很多相关内容绝对值得写，我也相信很多人并不了解张家口的历史、地理和文化。但我写不了，希望有人来写。对这里的植物，我相对熟悉一些，我可以写。具体到崇礼，我专程到访的次数就更多了，崇礼的道路、教堂、旅店、滑雪场、山沟、小河等，我都比较熟悉，哪个山坡、哪个沟、哪个岭长有什么植物，我基本心中有数。

问：你是此类书的最佳作者吗？你的长处在哪里？

刘：显然不是！我是哲学教师。我甚至没有正规学习过植物学。我只是一名植物爱好者，从博物的角度关心着植物。中国有无数植物学家和植物学博士，他们更有资格写这类书。但是他们没有写，他们甚至没有兴趣写。我唯一的长处在于，我喜欢植物，真的很喜欢，我也非常喜欢崇礼这个地方。我来过崇礼十多次，每次都不想离开。此书现在收录的植物种类不多，只有一百来种，多了可能会吓倒初学者。长远看，应当提供多种多样的崇礼植物图书，供不同类型的读者选择使用。我们应当考虑读者的需求，从供给端努力，出版多种类型的崇礼博物书，讲这里的鸟、蘑菇、木本植物、大田作物、民俗、历史文化等。崇礼滑雪已经相当成熟，却没有一本令人满意的滑雪指南。但据我所知，冰雪运动在中国并不普及，来这里的人对各家滑雪场的具体情况也不熟悉。这些事情，都需要有心人扎实推动。

问：你最希望什么人先读到此书？

刘：许多人是不了解家乡的，也不热爱家乡。孩子是未来的希望。我希望崇礼当地的小学生能最先读到《崇礼野花》。他们从父母那里可能会了解一些当地植物的地方名，这很好，这是重要的基础。若读了此书，就可以知道这些植物在植物志上的正规中文名，以及拉丁学名，想进一步了解某种植物就方便多了。知识只是一方面，可能还不是最重要的，最重要的是要使小朋友们意识到家乡很美，家乡的一草一木都很美。他们了解了自己的家乡，对家乡有了感情，就会主动保护家乡的环境。

我也专门发过一则小文《奥林匹克精神中的游戏与自然》，谈个人对奥运的解读（刘华杰，2016b）。文章稍有点儿长，录在这里，不关心的读者可以直接跳过这部分。

在《崇礼野花》首发式上我提到博物与奥运的关系，有人非常不理解。借解释之机，我想谈谈什么是奥林匹克精神，以及为何它与博物有关。

其实《奥林匹克宪章》中关于现代奥林匹克精神是有解说的，大致包括如下内容：（1）搁置其他方面的分歧，鼓励人们广泛参与旨在表现身体之美丽、健康、活力的体育运动；（2）公平竞争；（3）促进人类之间的理解。1896年，第一届现代奥运会举办并获得成功，后来的奥运会大致贯彻了相关原则，虽然有时并非很理想。

不过，还流行着另一种说法"更快、更高、更强"（Citius, Altius, Fortius，即 Faster, Higher, Stronger），媒体经常用它取代奥林匹克精神。实际上，这样理解是很成问题的。"三更"只不过是一个 Olympic Motto，即奥林匹克格言，其地位是无法与奥林匹克精神相比的。

"三更"只描述了比赛不断打破纪录这一个侧面，这的确是现代每届奥运会上最抢眼的方面，人们很在乎谁得了金牌，一个国家得了多少金牌，但是它是很不全面的。比如它没有讲谁参加比赛、如何比赛、比赛为了什么。往不好的方面讲，"三更"体现的是一种极限运动理念，表达的是一种线性增长观，是一种"玩命"的东西。此"三更"格言是顾拜旦（Pierre de Coubertin, 1863—1937）的朋友迪东（Henri Martin Didon, 1840—1900）提出来的，曾经作为一所体育学校的校训出现，后来才写进《奥林匹克宪章》。"三更"的竞技体育精神甚至还影响到如今自然科学的发展：发展科技竟然不是为了普通人的美好生活，资本驱动下的自身滚动发展便是一切。这是异化的科技。同样，"三更"化的体育也是异化的，背离了本真的奥林匹克运动。［2021年7月20日，国际奥委会第138次全会决定，将奥林匹克格言升级为"更快、更高、更强——更团结"（Faster, Higher, Stronger—Together，拉丁语写作 Citius, Altius, Fortius—Communiter）］

在我看来，Olympic Games（奥运会）首先是多种游戏（英文 games 用的是复数），因而游戏精神是其主要精神，规则下的平等竞赛是其要义。通过宪章和历届活动，可以归纳出具体的奥林匹克精神。对于其中的游戏，当然是有限定的，因为并非所有游戏都可算在奥林匹克之内，如弈棋、赛车、电脑游戏之类不算，至少目前不算。为何限制？是因为奥林匹克强调自然人的自然的身体活动，对比赛中所借助的器材势必给出限制。虽然哪些道具允许哪些不允许，很难截然划出界线，但有约束一说是不争的。与此相关，对于参与者也是有要求的，门槛、及格线等那是"次要的"第二层面的限制了，首先能想到的是，要求必须是自然人的个体以及建立在合格个体上的某些团队。机器人不行，经过"增强"的人不行，用了违禁药物者也不行。

接着就涉及如何比赛了。按规则进行平等竞争，对优胜者给予奖励。游戏精神非常讲究规则，参与者先要认同规则，竞赛过程中不得随便改变规则。于是有尊重规则、尊重对手的要求。这似乎是显而易见的，但是在人类活动的其他领域，这一条是很难实现的，在 Olympic Games 中，应当说这一点一直贯彻得不错，因而令全世界越来越认同。在这样的运动中，可以相对做到不分种族、信仰、智力，只比谁在规则下玩得最好。

Olympic Games 在发展过程中，并非一帆风顺，它的每一项具体要求都面临着被突破的可能性。

实际上，规则也在不断演化之中，比如排球、体操。一些新项目也逐渐加入。没准哪一年，机器人足球也有可能进入，但不是现在和最近。因为 Olympic Games 依然在强调人类自然个体通过肉体展示、表演来比赛。它是游戏，但不是一般的游戏。

Olympic Games 距中国有多远，距中国人的思维方式有多远？中国正式参与 Olympic Games 不算早。而 Olympic Games 所涉及的那类游戏的精神，与我们的传统文化相距是很远的。中国人自古就玩游戏，但是那些游戏与 Olympic Games 非常不同。过去的中国是人情社会，上至官员下至百姓都不大在乎显规则，首先是规则含糊。胡适先生曾写过"差不多先生"来讽刺国人不精确。权力随时介入规则，在过去的中国更是普遍现象，它使得规则形同虚设。因此，在中国步入现代社会时，中国积极参与奥运是学习按规则办事、按规则与世界相处的过程，其教化意义远远超出体育运动本身。其次，Olympic Games 一直坚持反兴奋剂，是在重申一项原则：竞赛的参与者应当是吃五谷杂粮、自然生长的普通人，而不是超人、机器人、科技人。现代体育离不开高科技，但是对各种高科技对人体本身的介入，Olympic Games 是有严格限定的。靠食补强身健体是可以的，吃苯丙胺、麻黄碱、乙基吗啡、硝酸甘油、苯乙酸诺龙等，就不成。甚至用自己积累下的血进行"血液回输"也不可以。这类限制非常重要。随着科技的发展，可能会发明出越来越多的提高竞赛成绩的药物，有些虽然对人体无害，但服用了这些药物的人具有额外的优势，比赛就将成为科技对抗，从而违背当初 Olympic Games 的宗旨。

正是因为意识到 Olympic Games 依然强调游戏与自然状态这两项，所以我感受到奥林匹克运动与我所倡导的博物，理论上是一致的。博物也是一种游戏，在中文世界中游戏是与正经、正当、主流相对的。倡导游戏就是在倡导非主流、多元性，是对现代性的一种克服，尽管力量极有限。博物在乎自然状况，这更不用说。博物学探究是一个悠久的传统，反对过分人工化、机械化、科技化。Olympic Games 很现代，但是并非完全现代，它有内在张力，现代的外在形式难以掩盖背后对原始、自然的呼唤。试想一下，Olympic Games 从里到外都现代化了，还有意思吗？还能如此吸引观众吗？

什么是 Olympic Games？是一种披着现代性外衣的原始游戏，是建立在自由人个体参与基础上的服从规则的比赛。这些比赛借助了多种科技进展，但是它不还原为后者，它本质上仍然是自然人的自然展示，或者说它依然坚持这样做。

能持续多久？那不好说。

我原来对奥运是部分抵触的，但后来我的观念变了。在思考过 Olympic Games 与博物学的相似之处后，考虑到现代人如此喜爱 Olympic Games，不如以一己之力积极参与 Olympic Games，实际影响它，进而影响我们周围的世界。

Olympic Games 的确在某些方面强调绿色、人文，也间接地鼓励人类不同族群之间接触、对话。2022年中国将举办冬季奥运会，如果我们希望中国多一些绿色、国家能够更开放、中国人民与世界人民能够彼此增进理解，那么就没有理由不积极介入。绿色奥运部分，是相对简单、明确的，只要我们介入，情况就有可能不同。从博物的视角介入奥运，似乎是很不重要的角度，但也不一定。做了再说。《崇礼野花》想通过让人们关注奥运承办地之一——崇礼山坡上美丽的野花，提醒有关部门慎重开发。也许人们目睹了野花之美，会让那里的冬奥会更绿色一点儿。

左图 报春花科箭报春，在崇礼区的大山上广泛分布。

右上图 《崇礼野花》封面，中国科学技术出版社2016年出版。

右下图 北京大学的学生在崇礼对照《崇礼野花》观察菊科植物毛连菜。2016年9月26日。

《崇礼野花》出版4年后，2020年，《西方博物学文化》一书的编辑、北京大学出版社郭莉女士告诉我，北大社计划出版有关崇礼的图书，向我约稿。考虑到《崇礼野花》较为简略，早就想修订，我没有拒绝的道理，便立即着手准备这本《崇礼博物散记》。本书90%的文字是新增补的。为准备本书，疫情一有缓解，我便到图书馆查资料，并抓紧时间一次又一次到崇礼采集新素材。

在写作临近尾声之际，感谢为本书提供帮助的所有人！

上图 印有"更快、更高、更强"（Citius-Altius-Fortius）字样的纪念牌，7厘米×7厘米。图源：www.odkarla.cz。（访问日期：2021年4月5日。）

左下图 博士生王钏（左）与本书作者在崇礼采集植物种子。2016年9月25日。王钏现为四川大学副教授。

右下图 本书作者野外工作照，李异拍摄。

第1章

地理地质

寂寞边城道，春深不见花。

山头堆白雪，风里卷黄沙。

——（明）杨守礼《三月巡边晓发夏城》

崇礼是河北省张家口市的一个区，位于北京的北部，稍靠西一点点。崇礼区在张家口市区的东北部，南接宣化区，西和北分别接万全区和张北县，东接赤城县，东北角接沽源县。

崇礼距北京不远，但长久以来北京人基本没听说过崇礼。全国范围内知道崇礼的，也很少。

崇礼区地貌上属于冀西北山地，位于阴山山脉东段的大马群山支系和燕山余脉的交接处。从北京到崇礼，海拔上升，大约上两个"台阶"：北京到延庆是一个台阶，延庆到崇礼是第二个台阶。

笼统而言，崇礼所处的华北平原之北，蒙古高原（东亚内陆高原）之南，有多道长城。北京附近居庸关、八达岭、大营盘一带长城算第一道，张家口附近西太平山、东太平山（鱼儿山）、头道边、二道边、三道边、水晶屯、黑土沟、常沟子、玉石梁、四道梁、棋盘梁、桦林东、老虎沟、长城岭一带算第二道（有的地段为第三道）。崇礼区西部南北向、东西向都有长城。严格说来这里是"长城带"，即各个时期留下的许多长城，广泛分布在一个带状区域里。

历史上有"走西口"的说法，狭义的西口指的是山西的"杀虎口"，与此对应还有"闯东口"之说，而东口指的是河北的张家口。走西口可追溯到明代中期，而闯东口稍晚，当在明末清初。走西口是为了糊口、活命，闯东口则是为了发展、成就事业（刘振瑛，2018：18-25）。长久以来，外国人所了解的张家口，其译名是Kalgan或者Kalga，字面意思就是大门、边境之意。具体看，这个"门"以张家口北部长城线上的西境门、大境门为代表，宏观上它代表着"张库大道"的南部起点。崇礼区的西部，就包含了草原丝路（主要运输茶叶）之"张库大道"的一部分。其中的"张"自然指张家口，"库"指库伦（今乌兰巴托）。①

崇礼以北是"草"的世界，以南是"禾"的世界。前者长久以来是游牧族群活动的地带，后者是农耕族群定居的地带（故意不使用"民族"一词，参见：马戎，2017）。某种意义上，中华文明在过去的几千年就是"草"与"禾"两种要素碰撞、争执、融合的产物（波音，2019；拉铁摩尔，2008）。中国，从来都是多族群共生的国家，而非单一民族占绝对优势的"民族国家"。"汉族"虽大，却是个"混合类群"。汉族的历史本来就是夷夏结合的历史，汉人、汉语、汉文化均是夷夏混合的结果（易华，2012）。清代承明制，在亚洲建立了以朝贡贸易和藩封制度为核心的中华世界体系（倪玉平，2020：224），但不久便与西方国家资本主义的殖民扩张政策发生冲突。崇礼的特殊性在于，它处于交界的"分形区"，始终处于迎

---

① "张库大道"也称"张库恰大道"，涉及三个以K开头的古地名：张家口（Kalgan）—库伦（Khüree）—恰克图（Kyakhta）。今日这三个地方分属于三个国家。

右页左上图 荷兰人1858年左右绘制的西湾子地图。图中明确标出了长城、张家口（KALGAN）、西湾子（Si wandze）、宣化府（SUEN HOA FOU）、（山西省大同市天镇县）新平堡（SIN PING）、下花园（Pao ngain）、怀来（Hoai lai）、咾喇庙（Taolaomiao）、独石口（Tou che kou）、龙门所（Loung men choa）等。图源：home.kpn.nl/frans.hamer/Si-wan-tze.pdf.（访问日期：2021年4月5日。）

右页右上图 张家口市崇礼区地理位置与局部交通示意图。崇礼区处于一个"大炒勺"的核心。就地形而论，崇礼区亦如炒勺，周边一圈均为高山，相当于锅沿儿或勺子沿儿，仅西南大境门有一出口。近20年，开发崇礼相当于炒制一盘大菜！

右页下图 崇礼关键词。这张图不是机器生成，而是手工制作的。什么词能被选为关键词？让机器做，好像很客观，其实背后都是人在选择。我选择的关键词有强烈的个人偏好，稍熟悉崇礼后你也可以制作一张类似的图。

来送往之中，这里本身也是一个"熔炉"。

崇礼族群构成，以汉族为主，其次为蒙古族、满族、回族、藏族、朝鲜族。《崇礼县志》对人物记录不充分，列出历史正面人物9人，其中5人26岁前便去世；反面人物2人。

崇礼的自然灾害主要是暴雨、冰雹和干旱。大风天气多集中在4—5月份。崇礼的日出日没，一个极端出现在6月中旬，约4时46分日出，19时54分日没，另一个极端出现在1月上旬，约7时46分日出，17时06分日没。

关于崇礼的天气，可引用一首崇礼方言版《水调歌头》："尿不淋子雨，乱格搅子风。五明头上，黑雷闪天吓煞人。春气起温呼呼，数伏天热亘亘，三九往煞冷。黑格洞洞夜，雾麻纸罩天。细毛毛、蒙生生、单绳头，就地起水，小雨大雨抹脱雨。忽嘟雪、白毛风、下麻冷，零下三十，绝发冷不行，就等九九天，犁牛遍地行。"（朱阅平主编，2011：246-247）没看懂？没关系，多去崇礼几次，多了解"地方性知识"，就明白了。

十多年前，我来崇礼，主要是看植物，并不关心当地的历史、人文。即便后来到此地滑雪、避暑，也不关心当地的人和事。心中一条没明说出来的理由是，这里太落后，只有野生的植物值得我欣赏。但是，若干年后我的看法变了。稍稍接触，就发现中学历史课本涉及的许多事件，就发生在张家口这片土地上，而我以前却想象它们发生在遥远的地方，自己根本不可能实地感受。一旦有了这般初步认知，便找来一些读物，再到图书馆查一些史料，喜欢上了这一片人与自然共生的土地和人、事。回想一下，自己当初非常幼稚，所实践的博物（natural history）也不够全面，吉尔伯特·怀特、洪堡和华莱士也关注人与事，我不应忽略。

从此，到这里看植物，感觉不一样了，历史上的人和事与当下的草木勾连起来，欣赏的层面似乎又多出一些。

但我不会只以赞美的口气来叙述所见所闻，相反，我是尽可能

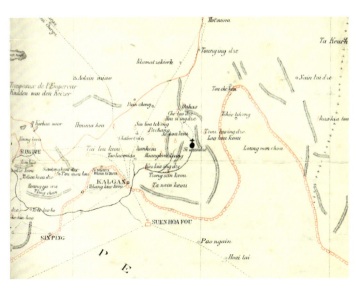
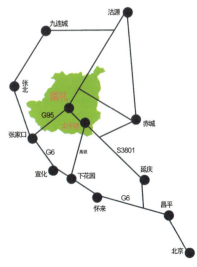
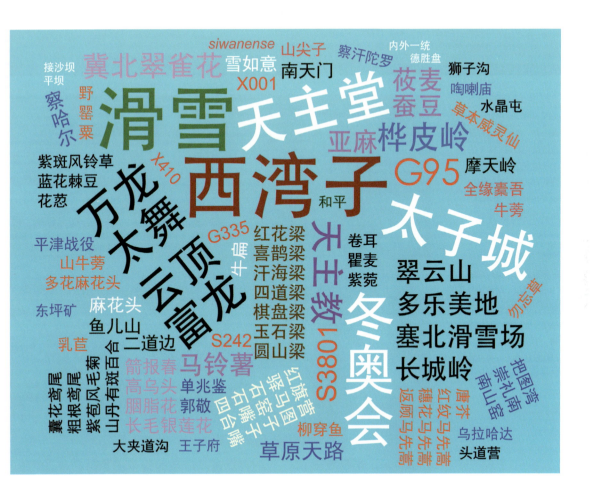

上图 从太舞滑雪场山上向北俯视。近处是太舞小镇。右前方为新开通的京礼高速 S3801 的太子城出口。中间是正在开发的与高铁站相接的"太子城冰雪小镇"地产项目。2020 年 7 月 24 日。

下图 草原天路桦皮岭一带报春花科点地梅属（Androsace）植物，呈茸状，叶莲座状，有绒毛，此时种子已经成熟。此地还有另外一种植株较高、叶较长的点地梅。2020 年 8 月 26 日。

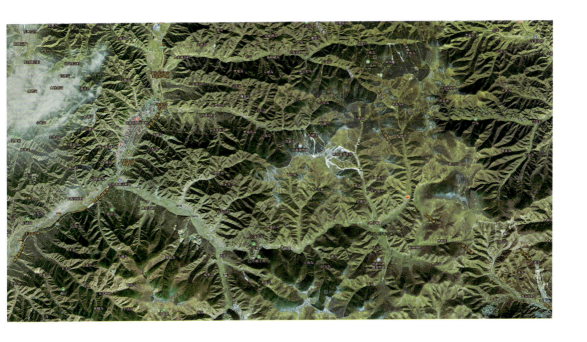

以挑剔、反省的眼光来看现象。动机、目的都是好的,希望此地天人和谐、永续发展。

"春季赏花,夏季避暑,秋季观景,冬季滑雪。"这12个字,早在2011年就出现在了《崇礼文史》第三辑中。我也曾讲,"一季滑雪,三季观花"。实际上,不必分得特别清楚,对于喜欢植物的人,一年四季任何时候都可以观察植物,看景也如此。

西湾子镇附近卫星地图。西湾子位于左侧,中间为万龙滑雪场和密苑云顶滑雪场。太子城高铁站位于右下方。右下角为赤城境内S3801高速的旋转上升道路。

1.1 到达崇礼

崇礼就在北京北边不远处,但在高速公路开通之前,由北京到崇礼是颇困难的事情。

现在,从北京到崇礼最快的办法是,从北京北站或清河站乘高铁G8811、G8813、G8815、G8817,约1小时到达崇礼区太子城站。这简直太快了,因为在北京城内从A点到B点往往也得花40分钟,赶上拥堵,1.5小时也不奇怪。崇礼区太子城站附近有太舞滑雪场、云顶滑雪场、"雪如意"（国家跳台滑雪中心）和"冰玉环"（步行云台）等。从太子城到崇礼区政府所在地西湾子街道还有很长一段距离，不过道路已经重修，乘车和驾车都十分方便。

到崇礼也可在张家口中转。从北京乘高铁G2481、G2505、G2483、G2409、G2411、G2419、G2423、G2485、G2425、G2427、G2513、G2487、G2437、G2439、G7881、G2443，大约1小时可到达张家口高铁站。乘高铁以外的火车到张家口，非常慢，如果你有的是时间，也可以试试，比如乘2602、K571、Y535、Z283，约用3个半小时到张家口。不过，从张家口再到崇礼西湾子城区还有很远的路，要乘汽车。蔚县、宣化和张家口有许多古迹可逛。

顺便一提，崇礼区太子城到内蒙古锡林浩特的"太锡铁路"也在建设中，此线将经过张北县、沽源县、太仆寺旗、正蓝旗到达锡林浩特，全长392千米（张哲等，2020）。在不久的将来，由北京到北方避暑将变得十分方便。不过，我在《延庆野花》一书中建议分四期实施的"京满高速铁路"（刘华杰，2017：22），还没有人关心！

如果自驾车，可选择的线路更多：①沿京礼高速公路S3801，由北京北六环西侧向北，钻隧道，经延庆进入河北赤城界，盘旋后再次钻隧道，进入崇礼区，在太子城下高速，或继续北上在白旗与G95交汇处左转（西转）到西湾子（2021年8月31日京礼高速北部延伸段太子城至白旗正式通车）；②沿高速公路G6向西北过怀来和宣化，在张家口转G95向东北方向，在崇礼区由南到北分别有把图湾、崇礼南、崇礼、南山窑、桦皮岭等出口。如果要到崇礼区城区，应当由"崇礼南"或"崇礼"驶离高速；如果到草原天路，在崇礼最北部的"桦皮岭"出高速比较方便。无论走哪一条线，从清河起点到西湾子终点，因中途有诸多限速，通常要用2小时50分以上，甚至超过3小时才可抵达。如果你只用了不到2个半小时就到了，中途肯定多次超速。

说得再细，也不如用电子导航来得方便，这时"关键词"才关键！与崇礼相关的重要关键词是：大境门、把图湾（高速出口）、崇礼南（高速出口）、西湾子街道（区政府）、桦皮岭（草原天路东入口）、上窝铺村（关帝庙）、石嘴子村（石嘴子遗址，新石器龙山文化）、草原天路野狐岭（草原天路西入口）、太子城（奥运场地）、西青羊沟村（南部通道）、韩家窑村（东北角）、水晶屯村（西南部入口）、二道边村（西南边界一小村）。

还可以乘飞机间接到崇礼，在张家口机场中转，也可在赤城县新雪国1号直升机场（一般用于紧急救援，已投入使用）、2号通用机场（接近建成）中转。未来新雪国还有3号支线机场。

1.2 崇礼地名沿革

崇礼区城区所在地为西湾子镇或西湾子街道。

"崇礼"这名字比上一级的石家庄、保定、张家口、唐山、邢台、秦皇岛要文雅；就省内同级地名而论，也比桥西、桥东、双桥、肥乡、海港、路北、运河、张北、万全、下花园要好听一点儿。其实这个文雅的地名并不古老，它纯粹是现代的产物。

在国外，历史上与崇礼对应的名字通常是 Siwantze（西湾子），Si-wan，Si wandze，Si-wan-tze，近来也写作 Chongli。天主教西湾子教区写作 Dioecesis Sivanzeanus。

今日的崇礼区，在2016年以前还称崇礼县，县城所在地"西湾子"是其最为人熟知的名字。西湾子是夹在两列大山中的一个小镇。如果考虑二级山脉结构，县城所在地仿如正处于汉字"丰"的中心，左右各有几排山和谷，各条小河最终汇入东沟河（上游）和清水河（下游）。河水穿越大境门而进入张家口市区，在张家口市南部又汇入洋河，洋河的下游则是官厅水库和永定河。永定河已在北京境内了。

如今崇礼区所在地，在战国至汉代属幽州上谷郡、代郡北境，主要为鲜卑人居住地；后汉时为"护乌桓校尉"管辖地；三国魏晋时为鲜卑地；北齐时为北燕州北境；隋时为涿郡雁门北境；唐代属河北道妫州；五代时属威塞军，治所在新州（今涿鹿）；石晋（五代后晋）时入契丹；辽时属西京道奉圣州，主要为契丹人居住地；金时属西京路宣德州；元时属上都路宣德府；明时属兴和守御所，明代由于垦荒，汉人大量进入；清代属口北道所辖三厅之张家口厅。

根据《崇礼县志》等资料，可知崇礼行政沿革。1914年改厅设县，西湾子归张北县，由察哈尔特别区"兴和道尹"统辖。如今的兴和县，在张家口西部，位于乌兰察布市和怀安县的中间。1928年直隶省改为河北省。1934年，由于张北县辖境太大，省政府决定把其中的第二和第四区划分出来，设置"崇礼设治局"，相当于县级编制。"崇礼"取"尊崇礼仪""崇尚礼义"之意。也就是说，直到1934年，才有"崇礼"这一地名。《礼记·中庸》："君子尊德性而道问学，致广大而尽精微，极高明而道中庸。温故而知新，敦厚以崇礼。是故居上不骄，为下不倍（注：通"悖"）。国有道，其言足以兴；国无道，其默足以容。"君子当尊哪些礼呢？孔颖达疏："尊崇三百三千之礼也。"为何不说三千三百？三百指大的礼节数（相当于经礼），概数为三百；三千指具体的行为规范数（相当于曲礼），概数为三千。孔颖达先说纲后说目。在上述引文之前，《礼记·中庸》曾说："礼仪三百，威仪三千。"张家口市另有一县名"尚义"，1936年成立，含义类似。

1934年时，为何叫"崇礼设治局"，而不叫崇礼县呢？这要从天主教说起（参见本书第3章）。西湾子是天主教在中国北方的一个传教基地，它曾是比利时的一个"飞地"。西湾子天主堂势力很大，当时它不同意在西湾子建县，当局竟然没辙，只好把办公点设在太平庄，未建官署。首任设治局局长为李萌吾，之后是胡乾一，从1935年接任。局内下设总务、财政、教育三科，局下设三个区：

一区在东部，驻太平庄（今崇礼区西湾子镇北部的太平庄村）；二区在西部，驻嗨喇庙（今崇礼区嗨南营村之北），三区在北部，驻大囫囵（今张北县大囫囵镇）。区里设区长和师爷（秘书）官职；区下辖村，村设村长。当时总人口51570人，其中男29618人，女21952人。

早在1933年夏，日本关东军就协同伪满洲国蒙古军侵入这一地区。1935年蒙奸德王窃用"蒙救会"名义，在张北县成立伪察哈尔盟公署，1936年改崇礼设治局为崇礼县公署。伪县政府设在太平庄，王士英为代理县长，后由佟子垣接任，实际上权力由日寇所派的参事官把持。1938—1939年崇礼县公署由太平庄迁到大境门外的朝阳村，又由朝阳村迁到西湾子。1939年9月1日，伪蒙疆联合自治政府成立，首府设在张家口，崇礼县公署改名崇礼县政府。伪县政府下设七个乡，辖区与今崇礼区并不完全重合，其中一部分在今张北县东部地区，一部分在今沽源县黄盖淖镇一带。

1939年初，八路军成立"平北抗日根据地"。1941年3月，八路军在龙关、崇礼、赤城三县结合地带建立抗日民主联合县，县委机关设在赤城县镇宁堡之北的嵯沟窑、正阳墩一带。现在龙关为镇，崇礼为区，赤城为县。

1940—1943年崇礼的日伪县长为季振元，1943—1945年县长为冯敬选。

1945年6月30日，八路军首次解放西湾子，不久又主动撤出，8月20日再次解放西湾子。8月24日撤销原来的建制，正式成立了崇礼县，县委和县政府均设在西湾子，书记王一心，县长张兴邦（1921— ）。崇礼县隶属于察哈尔省察北专区。1946年10月初党政机关转移，12月9日重新解放西湾子，几天后撤离。

解放战争期间，崇礼一带共产党与国民党你来我往，不管被谁占领，西湾子始终是个重要地点。1948年2月17日，中共冀热察七地委、专署、军分区司令部由赤城县龙门所迁至崇礼县东北角的韩家窑、坡堡子一带。1948年9月30日，西湾子再次解放。11月华岗（书记）、张德本（县长）等在大嵯底村（今归狮子沟乡）筹建崇礼县委。12月23—24日，中国人民解放军在张家口市大境门至崇礼县朝天洼一带，全歼国民党傅作义第11兵团孙岚峰部1个军5个师和2个旅，计54000余人。活捉105军军长袁庆荣，崇礼全境获得解放。

1949年1月15日，察哈尔省建制恢复，辖张家口和大同两市，及七个专区。崇礼境隶属于察北专区。6月恢复崇礼县建制，大囫囵一带则划归张北县。当时崇礼县辖六个区：西湾子、红旗营、驿马图、喇嘛庙、窑子湾、狮子沟，分别编号为第一区至第六区。

1952年9月，察哈尔省建制撤销，崇礼县改由河北省张家口专区管理。1955年，县人民政府改名县人民委员会。1959年5月专区、市合并，总称张家口市，崇礼境为县级区，名为崇礼区，区委书记王克东（1915—1991），区长杜华忠。1961年恢复县制，崇礼区人民委员会改为崇礼县人民委员会。（王慧生等，1986：1-16）

"崇礼"确属中国好地名的范例！这样的好名字，让人不由得想到现在北京"惠新东桥西""惠新西街北口"这样又长又易混淆的地名。更令人不可思议的是，如下三个站名"森林公园南门""奥林匹克公园""奥体中心"都在地铁8号线上，慕名而来的外地人不感到迷惑、糊涂才怪。

察哈尔都统署历史陈列馆。始建于1762年,位于张家口市桥西区。上图为入口处牌匾,下图为内院。

蔷薇科龙牙草（*Agrimonia pilosa*）。2020年7月25日摄于云顶滑雪场。

左上图 张家口大境门。未修建G95高速公路时，进入崇礼要路过大境门。它是"张库大道"的南部起点。

右上图 冬季张家口的城市景象。2015年12月15日。

左中图 崇礼太舞滑雪小镇。2018年3月7日。

下图 崇礼区城区西湾子镇。北部最高峰为南天门。2018年6月24日从南山公园凉亭向北拍摄。

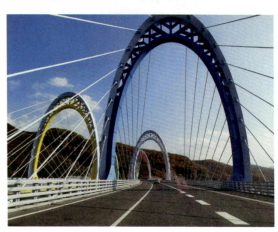

左上图 翠云山奥雪小镇，位于大夹道沟村与 G95 之间，高速公路"崇礼北"出口附近。2020 年 10 月 1 日从秀水湾公园山梁向东拍摄。

右上图 富龙四季小镇度假村，位于 Y098 乡道边，它实际建在河滩上。这里有距崇礼城区最近的滑雪场。2020 年 10 月 3 日。

右中图 京礼高速公路 S3801 从南边穿越"棋盘梁隧道"后到达崇礼太子城出口。由此下高速，向西南不远处就是太子城遗址。从这里去往"雪如意"国家跳台滑雪中心、云顶滑雪场和太舞滑雪场均十分方便。

下图 大雪中的崇礼太舞滑雪场。2018 年 3 月 7 日。

上图 大雪中的崇礼区西湾子城区。2019年2月14日。

左下图 崇礼区西湾子街道一家有名的包子铺,深受游客欢迎。其早餐大油条、拼盘凉菜、大包子、南瓜粥、紫米粥、八宝粥都很有特色。2016年9月16日。

右下图 生长在山脊和草坡上的麻黄科麻黄属植物。

左上图 崇礼区 Y098 乡道边黄土嘴附近的一家滑雪公寓。2016 年 8 月 7 日。

右上图 十字花科针喙芥（原贺兰山南芥）和景天科华北八宝。

左下图 崇礼第一中学。本书作者曾应邀来此作"博物与植物"讲座。2016 年 9 月 26 日。

右下图 崇礼区草原天路非常适合驾车观光。这辆车好好的道路不走非要登山，结果被卡在陡坡的大石头中间无法动弹。2016 年 7 月 4 日。

1.3 记住郭敬这个人

2011年，崇礼县（当时还未改崇礼区）就决定旅游立县，精心打造"中国雪都"。如今崇礼的发展，已超出县、市、省的层级，在"京津冀一体化"和全国一盘棋的大平台上得以规划。崇礼已修建多家一流的滑雪场，冬奥会的一些项目也要在这里举行。能有这一切，追溯到20世纪90年代，有一个重要人物需要记起，他就是北京人郭敬——塞北滑雪场的老板、旅游产业的造梦者、"崇礼雪业第一人"。

当时他只有36岁，没做过旅游，也不懂滑雪。单兆鉴（第一位全国滑雪冠军，时任国家体委滑雪处处长、中国滑雪协会秘书长）向他推荐了崇礼喜鹊梁这个地方，之后他就如醉如痴地投入其中。单兆鉴说，为了塞北，郭敬投光了包里的最后一分钱。郭敬带着"稀里糊涂的创业冲动"，通过塞北滑雪场而参与塑造了崇礼滑雪小镇，推动了冬奥会部分比赛在此举办。

郭敬1960年出生于北京，1996年12月在崇礼县创立了塞北旅游滑雪实业有限公司，他是崇礼雪业第一个吃螃蟹的人。非但如此，他还指导建设了北京、河北、吉林、山东、山西、内蒙古、新疆等地多个冰雪乐园、滑雪场和滑雪度假区项目。

按一位滑雪爱好者的说法，郭敬早年当过兵，在南方做过房地产生意，"但是从整体气质看，老郭不像个做大生意的，他更像是个包工头，一年四季穿着夹克衫夹着个手包，眼睛里闪着狡黠的光，每天可怜兮兮地跟在甲方屁股后面要账那种。老郭挺不容易的，当初这里没水没电没路，是老郭像个土拨鼠一点一点拱出来的"（猪八牛，2013）。

局外人可能以为滑雪场的老板们都挺风光的，其实稍稍动动脑就会明白，这些创业者是顶着巨大的压力在做一份自己喜欢的事业，非常不容易。滑雪场是"重资产"，想快速回本根本不可能。2013

年，郭敬在 BBS 上贴出这些句子："十七年过去了，当年贫困的崇礼县已变成了灯红酒绿的申奥名镇。翠云山倒闭了，塞北关门了，多乐美地在残喘中等着重组，万龙在云顶乐园的激烈竞争下开始下滑，长城岭小富即安的［地］维持经营，云顶乐园扛着每年上亿元的亏损艰难前行，号称 200 亿投资的太舞四季和 500 亿投资的百龙新雪国在跃跃欲试。崇礼的明天会更好，重要的是谁能活到明天！我还活着，滑雪界的活化石，但我不知未来的路在哪里？也时刻做好变为化石的准备。重读盛中老友的旧文，感慨万千！与其在赞美中死亡，不如在拍砖中坚持。"（郭敬，2013）

如今知道崇礼还有个"塞北滑雪场"的人很少了，在野外它快消失得无影无踪，野草树木在那里迅速长起。"在喜鹊梁的山谷，塞北滑雪场依然在沉睡。它是崇礼滑雪运动的起点，而那些与滑雪有关的热闹，早已与它无关。"（苑城，2019）《户外探险》杂志 2019 年 11 期刊出"塞北往事"讲述塞北滑雪场始末，英文标题中出现 once upon a time 字样！郭敬创办的这家塞北滑雪场，1997 年元旦开业，2008 年冬停业。当年塞北滑雪场最醒目的标志是"雪人宾馆"，一座三层公寓，外墙面有一个高大而粗糙的"雪人"造型。旁边是能住宿的白桦山庄。

1996 年 12 月初，已经下雪了，但滑雪场还没修建！建滑雪场不是闹着玩的，首先得有器材吧？滑雪板是日本赠送的旧器材，这一项算解决了。但还是缺钱、缺人。郭敬从股市里取出自有资金十几万先用上，然后请人伐木建两个四方形的大棚子，供大家休息取暖。1997 年元旦开业，雪道有 300 米长。第一批客人是一对北京情侣。当时没有电动的上山设施，他们坐着马拉爬犁到山顶。后来进步到用一辆吉普车运送。修补雪道，没有造雪机，也没有运雪设备，是雇村民从树林里背雪，背一袋 5 角钱，放到雪道上再用铁锹拍平。当地农民先学会了滑雪，不久就成了第一批教练。2000 年，是塞北滑雪场最红火的时候，雪场工作人员有一百多人。2002 年好利来公司的老总罗力也来塞北滑雪场滑雪，他可是超级爱好者。罗力财大气粗，觉得每次排队等吉普车上山滑雪太不自在，便出钱让别人买车，专门拉他一人上山滑雪。不过这辆车也没有白买，"非典"期间罗力乘着这辆车在崇礼到处转，找到了红花梁北坡，决定投资5亿元，修建万龙滑雪场，如今它是本地七家滑雪场中的老大。所以有人说，万龙再牛，也是受塞北的启发才做起来的。万龙滑雪场的缔造者罗力用心钻研市场，就像他们兄弟原来琢磨做蛋糕、卖蛋糕一样。他通过调查发现，到万龙滑雪的人有87%是经朋友介绍来的，只有10%左右是通过电台或杂志广告了解而来的。于是他决定把投广告的钱，用来照顾好每位顾客。

2007年塞北滑雪场建成了索道，但第二年冬天滑雪场就停业了。我每次到喜鹊梁一带看植物，都会不经意地瞥见那生了锈的索道及吊椅，像博物馆中的老物件，一动不动。那一排废弃的楼房和"雪人"塑像，仿佛战乱后的残迹。

2003年1月23—24日，《科学时报》社杨虚杰组织我们到塞北滑雪场滑雪。吴国盛、刘兵等都来了，我还带了女儿。那是我第一次滑雪或者第二次，记不准确了。大家在塞北滑雪场醒目却显得多少有点儿丑陋的"雪人宾馆"住了一晚。之后又过了快十年，我开始经常来这里闲逛，见证着塞北滑雪场的物质印迹一点点消失。这一带最特别的野花是百合科三花顶冰花（*Gagea triflora*）、毛茛科长毛银莲花（*Anemone narcissiflora* subsp. *crinita*）、报春花科箭报春（*Primula fistulosa*）。

2006年，郭敬与意大利投资商合作，在附近建起多乐美地滑雪场。多乐美地和塞北两家滑雪场都有他的资产，两家稍有竞争也是好事，赚钱的好日子不远了。可是人算不如天算，"卖面包"还没有"卖窝头"的生意好。结果多乐美地不赚钱，还把塞北带垮了。塞北滑雪场不久就负债近千万。老郭还真不简单，他在全国各地卖命工作，帮助人家做旅游策划，赚了点钱，把欠款都还上了。

"猪八牛"说得好,"塞北滑雪场,虽然现在看起来是那么破败那么不尽人意,虽然她的周围崛起了很多承诺提供名牌雪具和欧洲教练的新雪场,但我还是对这里怀着深深的感情。我永远记得十年前她让我第一次体会到了滑雪的乐趣,那种在大自然中强劲的速度感,驭风长啸人莫与[予]毒的内心体验,独步天下舍我其谁的嚣张气焰,是始终让我迷恋的运动的最高境界"(猪八牛,2013)。又过了快十年,在手机"GPS实时海拔"App上还能找到"塞北滑雪场"的清晰边界,盘旋的公路穿插其间。每次来到这里,都会想起老郭。

老郭的冲动,开创了崇礼的滑雪业。滑雪业带动了整个旅游业,蓬勃发展的崇礼永远不会忘记郭敬!

崇礼塞北滑雪场创始人郭敬郭大侠。感谢郭敬先生提供照片。

上图 已变得荒凉的塞北滑雪场,"雪人宾馆"还清晰可辨。2016年6月9日。

中图 塞北滑雪场,当年的"雪道"上已经长满野生小树。2021年5月23日。

下图 塞北滑雪场旧址的稠李。2021年5月23日。

上图 塞北滑雪场白桦林边缘的百合科三花顶冰花。2015年5月21日。

下图 太舞滑雪场。2015年12月17日。

右页图 塞北滑雪场附近的箭报春。拍摄时故意没有清理周围的枯草,这样可以了解它生长的环境。2018年5月12日。

左上图 长毛银莲花的瘦果，尚未成熟。2020年7月24日摄于云顶滑雪场山顶的"金花阁"附近。

右上图 喜鹊梁生长的罂粟科野罂粟（*Papaver nudicaule*）。

下图 石竹科卷耳旺盛地生长在废弃的塞北滑雪场林缘。

毛茛科长毛银莲花。在崇礼的高山桦树林边和高山草甸中广泛分布。我最早见到它就是在塞北滑雪场南部的山坡上。

1.4 崇礼方言

各地都有方言，相当多方言听起来可能比外语还难懂！崇礼区的方言也不例外。

如今的普通话原来也是一种方言，河北滦平是中国普通话之乡，普通话标准音采集地。东北方言很多，甚至多为"东北成语"，四字词常从象声词、二字词转化而来，如埋勒古汰（埋汰、不干净）、油渍妈哈（不干净、油腻）、得勒巴搜（嘚瑟、得意忘形）、水裆尿裤（不整齐、不庄严）、吭哧瘪肚（言语不流利）、突鲁反账（工作做得不够好）、水勒巴嚓（没有滋味）、无肌留瘦（因无聊而闲不住）、虚头巴脑（不够实在、不够朴实）、五迷三道（思维另类）、死乞白赖（低三下四）、曲里拐弯（曲折）、扬勒二正（精力不集中、做事不上心）、急头白脸（态度和言语不好）。种类虽多，却比较好理解。

张家口各区县，方言很难听懂，停车问路会深有体会。有一次到尚义县，一连问了几个人也没有打听出来道路如何走，彼此说话听不大懂。

我从网上淘到一本内部版小册子《崇礼方言与普通话辨正》（王志新编，2005），下面结合《崇礼县志》第28编"民情民俗"，简要介绍一下崇礼的地方语言。

崇礼方言属于晋语系统，北方方言区。跟普通话相比，主要差别在语音。细分的话，崇礼区方言分五种腔调：①崇礼话，流行于西湾子周边；②宣化话，流行于四台嘴乡；③赤城话，流行于清三营乡；④张北话，流行于驿马图、山岔、大水泉（以上三地接近草原天路北部中段）；⑤万全话，流行于五十家乡。一般提到的"崇礼普通话"指第一种，用它大致代表崇礼方言。

先说语音。声母与普通话的差异主要体现在三点。①舌尖后音（翘舌音）zh、ch、sh全部发音为舌尖前音（平舌音）z、c、s，这个与我们东北老家差不多。比如"山"（shān）读成"三"（sān）。

②舌尖后音 r，在很多情况下发音为舌尖前音。③零声母 e、ai、ao、an、en、ang 发音时多出一部分"ng"，比如"爱"（ài）读成了 ngài，"安"（ān）读成 ngān，"昂"（áng）读成 ngáng。

韵母与普通话的差异较多、较细，有 6 点不同。①前鼻韵母 en 读成后鼻韵母 eng，比如"奔"读成"崩"。② in 读成 ing，如"宾"读成"冰"。③ un 读成 ong，比如"昆"和"空"，都读成了"空"。④ ün 读成了 iong，比如"群"和"穷"，均读成了"穷"。⑤韵母 ang 均变成了 uang，比如"党"读成了 duǎng。⑥改变了一些韵母，比如"脚"（jiǎo）变成了 jié，"路"（lù）变成了 lǒu。

声调方面，崇礼方言声调多为阴平，基本没有去声。通常降一声，比如一二声不分，均作一声，二声改作一声，三声改作二声，四声改作三声。

崇礼方言与普通话相比也有词汇上的差别。见表 1-1。

表 1-1 崇礼方言与普通话常用词对照举例

崇礼方言	普通话	崇礼方言	普通话
今儿	今天	爷眼儿，阳片儿	太阳
明儿	明天	后天爷	月亮
夜来	昨天	赖天	坏天气
前省，前供	前天	蛋日	冰雹
大前省，限前省	大前天	绛	彩虹
年省	去年	糙山	森林
冬经天	冬天	家里的	妻子
夏经天	夏天	当家的	丈夫
五更里	拂晓	外服	岳父
见天	每天	二爹	二叔
五明头	黎明	大帮	土匪
马脸	长脸	马鬃鬃	刘海
屁股蛋儿	臀部	拐日	瘸子
克狼日	腋下	草鸡	母鸡
妈妈	乳房	牙狗	公狗
直掐儿	指甲	戏卡卡	喜鹊
大马个儿	大拇指	叫蝈蝈	蝈蝈
圪令儿	松鼠	甘草	谷秸

(续表)

崇礼方言	普通话	崇礼方言	普通话
臭狗日	黄鼠狼	酸麻日	沙棘
锛树虫	啄木鸟	圪针	美蔷薇
屁蜡狐	狐狸精	大豆	蚕豆
日粗	吹牛	思谋	思考

崇礼方言还涉及若干口语特征，比如加入"圪"（gē）字缀词，使用重叠词、尾助词、特殊语法等。再扩展开来，还有俗语、谚语等。比如，崇礼方言"揭锅太早"，意思是"行动太快"。游客来到一个新地方，不要嘲笑当地人说话土，而要尽可能欣赏当地语言的有趣、合理之处。

方言，通常涉及大量地方性知识。顺便讲个故事。当年法国传教士巴多明（Dominique Parrenin，1665—1741）神父与康熙的长子胤禔郡王坦率地讨论过不同语言的优劣。狗在游牧民族的日常生活中极为重要，就像雪对于爱斯基摩人（因纽特人）十分重要一般，因而在长期的生活实践中也形成了相当细致的分类描述。巴多明生动地记述过满语对不同狗的表达方式，其中蕴含了丰富的地方性知识（斯达理、庞，1994：94-95）：

taiha：尾巴和耳朵上长有长毛的狗。即"台哈狗"。

yolo：身上和尾巴生有稠密长毛，大耳朵和嘴角下垂的狗。"藏犬"。

peseri（beserei）：上述的狗同另一只不同种的狗交配，生下的狗崽子。"二姓子狗"、混血狗。

tourbé（duibe）：眉毛上生有两小片白毛或黄毛的狗。"四眼狗"。

couri（kuri）：身上有豹子一样的斑点的狗。"黎狗"。

palta（balta）：仅在鼻梁上有少许斑点，其他地方没有斑点的狗。"花鼻梁子狗"。

tchacou（cakū）：整个颈部为白色的狗。"白脖子狗"。

kalia（kalja）：额头上顺着头向后长有一道白毛的狗。"破脸"。

tchikiri（cikiri）：瞳孔一半白一半蓝的狗。"玉眼狗"。

capari（kabari）：短腿、身材粗胖、稍昂头的狗。"哈巴狗"。

indagon（indahūn）：对狗最一般的称呼。通常要 16 个月以上。"狗"。

nieguen（eniyehe，eniyehen，enihen）：对母狗的一般称呼。"母狗"。

niaha（niyaha）：7 个月以内的狗崽。

naguere（nuhere）：7—11 个月的小狗。

这位巴多明神父与宣化、西湾子也有关系，后面 3.7 节再讲。顺便一提，在蒙古语中，狗称"闹亥"（nohoi），湖称"淖尔"，大海称"达里"，山称"锡林"，富饶称"白音"，没关系称"蛤蟆无怪"，美丽称"赛罕"，弓箭手称"科尔沁"，姑娘称"户很"，县称"旗"，乡称"苏木"，行政村称"嘎查"，自然村称"艾里"。"羊"对蒙古族人来说非常重要，因而称谓划分也十分细致：绵羊统称"好尼"，山羊统称"义玛"，公绵羊"义日格"，小绵羊"胡日嘎"，种公绵羊"胡查"，公山羊"色日格"，种公山羊"乌胡那"，小山羊"义希格"。

上图 蔷薇科美蔷薇密集的针刺。只有接近地表的老枝和地表新生嫩枝，才长有这般密集的针刺，"用意"很明确："别惹我！" 2017 年 6 月 20 日。

下图 蔷薇科美蔷薇，当地人称"圪针"。老枝密被针刺，植株相对高些，果皮有腺毛。2015 年 10 月 5 日。

蔷薇科美蔷薇的花。
2017年6月19日。

1.5 气温低，没蚊子

崇礼全区总面积2334平方千米。面积不算小，大致相当于横向90千米乘以纵向26千米的长方形地盘，或者边长48千米的方块。崇礼区面积约为张北县、赤城县的一半，略大于宣化区，相当于两个万全区，六个察北管理区，七个下花园区，九个塞北管理区。

总体上看，崇礼境内大部分区域有分水岭包围，仅西南方向有一个狭长的沟谷出口。此分水岭圈成的"漏斗"内部，海拔为814—2174米，在华北一带属于较高的地块，年平均气温比较低。不但低于周边，而且相当多日子里比中国东北的大部分地区还冷。起初我也不知道这一常识，记录几年之后才确认了。不过，1月下旬以后的一段时间里，这里的平均气温还是高于东北的。表1-2统计自手机的温度记录，其中的双鸭山市地处黑龙江省东部。一天当中气温自然不一样，我的取样或在早晨，或在晚上，这并不重要，重要的是四个地点同时取样。

表 1-2 崇礼区与周边及东北气温对比 （单位：℃）

日期	北京市海淀区	张家口市崇礼区	张家口市市区	黑龙江省双鸭山市
20201021	16	5	10	15
20201107	17	3	8	3
20201124	−4	−16	−10	−9
20201130	−4	−18	−11	−14
20201208	−11	−23	−18	−13
20201213	−3	−15	−10	−15
20201214	−9	−23	−18	−20
20201218	−7	−19	−12	−17
20210106	−19	−32	−27	−22
20210206	8	−10	−4	−17
20210207	2	−11	−7	−16
20210306	2	−1	0	−11

根据1995年版《崇礼县志》，崇礼海拔1300米以上地区年平均气温0—2℃，中间地带年平均气温3℃左右，低海拔地区年平均气温4—6℃。一年12个月中，1月份最冷，大水泉、山岔、石窑子、狮子沟、清三营，以及白旗、马丈子、四台嘴的一部分，1月平均气温-14℃到-16℃。历史上最低气温出现在1971年12月20日，为-34.1℃。7月份是全年最暖和的月份。整体上看崇礼区属于大陆高原气候，冬季严寒且漫长，夏季凉爽且短暂，春秋气温变化剧烈；风日多，蒸发量大。全县平均初霜期是9月13日，终霜期为6月1日，无霜期为102天。最早初霜期为8月31日，最早终霜期为5月14日。最晚初霜期为9月25日，最晚终霜期为6月25日。（崇礼县地方志编纂委员会编，1995：98-104）冷不冷，不能全看气温，还要特别注意风有多大。桦皮岭一带风刮得猛，体感温度较低，即使气温为4℃，有大风吹着，体感温度可能达到-20℃，在山上会冻得待不了多久。中科院地理科学与资源研究所戴君虎研究员告诉我一句俗语："天下十三省，冷不过桦皮岭。"

因为崇礼气温低，这里才会大规模修建滑雪场。这比较容易理解，毕竟华北一带年平均气温相对高些，本来雪就下得少，滑雪场应尽可能建在气温低的地方。崇礼多高山，与周边相比，降雪、存雪也会稍多一点点。现在中国的大部分雪场都依赖人工造雪。气温低些，人造雪也能坚持得久些。崇礼的滑雪场在每年11月中旬即可以开板，一直开到春季，情况好能坚持到4月1日，与吉林松花湖、北大壶、亚布力滑雪场的可滑时间差不了太多。比起北京市内的滑雪场，可滑时间就长得多了。

崇礼还有一个特别之处：没蚊子。并非一只蚊子也没有，但至少住在旅店中，是见不到蚊子的。晚上睡觉根本不用驱蚊器和蚊帐。这一点相当特别，仅凭它，崇礼就可能是夏季旅游的首选之地。在夏季走南闯北，都会遇到蚊子叮人的麻烦，而在崇礼根本不存在这一烦恼。来的次数多了，竟然会忘记世界上还有蚊子叮人的事情发生。也可能就因为习惯成自然了，当地的旅游宣传手册根本没有提及这一点。我是外来者，总会用比较的眼光审视崇礼，就像老外到了中国总能发现我们自己习以为常但其实不平凡的方面。

没蚊子，与温度低有因果关系吗？不好说，至少不是单线的因果关系。黑龙江北部的夏夜也够凉的，蚊子照咬不误。因此不完全是低温决定的，低温只是一个因素。是因为环境好、垃圾处理得好？也未见得。崇礼城区卫生相对好，但河水也并不很干净。海拉尔、漠河一带，即使没有垃圾，蚊子也很厉害。所以，崇礼夏季没蚊子叮咬这件事，还值得继续研究，大家现在尽情享受这一好处吧。

左图 崇礼冬季山坡上的桦木科白桦。2015年12月15日摄于万龙滑雪场附近。

右图 汉淖坝村西侧山上用汉诺坝玄武岩石块垒起的南北向长城。

上图 崇礼昼夜温差较大，此为车窗玻璃上的霜花。2015 年 12 月 17 日。

左下图 唇形科毛建草。2020 年 7 月 24 日。

右下图 毛茛科高乌头。2020 年 7 月 25 日。

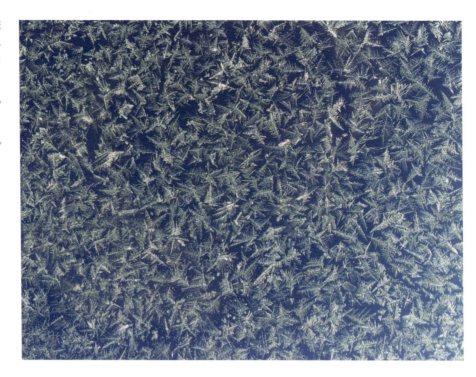

1.6 汉诺坝组玄武岩

崇礼区的地质比较复杂，非三言两语能够说清楚。张家口市区有地质博物馆（正式名称是中国地质博物馆张家口分馆），到那里可宏观了解张家口一带的地质构造、矿产分布、地层划分。我曾专程去过三次，只有一次成功进入。一次因为记错日子人家不开门，一次因为找不到停车位，不断转圈，最后时间不够了。在张家口市内找车位停车比在北京还难。

关于崇礼的地质，如果有什么一定要记住的话，一条大断裂和一个地层命名需要关注一下。

冀北地区最大、最著名的断裂带是"尚义—赤城—古北口—平泉断裂带"，沿北纬41度纬线东西走向，长达150千米。1998年1月10日张北6.2级地震，2016年3月18日崇礼3.1级地震，2016年6月23日尚义4.0级地震，2018年2月14日张北3.2级地震，均发生在此断裂带附近。该断裂带还穿越太子城冬奥会场馆地区！（周月玲等，2019）

有这条大断裂带也不全是坏事，它有利于成矿。紫金矿业的东坪矿区就恰好位于这条断裂带上。出产黄金，与此断裂带有关系。这条大断裂带起着分隔作用，通常北高南低，也有例外。北京北部东西向条带中，有许多地名带"坝"字：土边坝、汉淖坝、柳条坝、塞罕坝、嘛尼坝等，还有直接称坝上、中坝、半坝、坝下的。

崇礼区的西北角，草原天路西出口附近，有一个重要地质遗迹。虽不是什么"金钉子"（中国有11枚，列世界第一）地层剖面，也有一定科学意义。这附近的汉淖坝村（现名新窑子村）与地质学上的"汉诺坝组"直接相关（注意：用字不同），"汉诺坝玄武岩"英文为 Hanoorpa basalt，当然是先有村庄后有地质学相关命名。汉诺坝组主体部分是玄武岩，分布在蒙古高原东南边缘，有东西两区。东区在赤峰—康保断裂东部：赤峰、围场；西区分布于建平—承德—赤城—尚义深断裂的西段：张家口和大同。（王慧芬等，1985）20世纪30年代之前，燕京大学地质系苏格兰长老会地质学家巴尔博（George Brown Barbour，1890—1977）对此研究最细。他的长篇论文1929年10月用英文（附中文摘要）印行为"地质专报甲种第六号"（Memoirs of Geological Survey of China, Series A, Number 6），论文标题为"张家口附近地质志"（*The Geology of the Kalgan Area*）。英文横排在前，侯德封译出的中文摘要竖排在后。1932年美国《地质学杂志》还评论过这篇论文。巴尔博的报告中包含多张地质剖面图、照片及两张彩色地形图（均以西沟北部的"南天门"为中心），还包含一张朴属植物*Celtis barbouri*种子化石的素描图。此古植物，是美国古植物学家钱耐（Ralph W. Chaney，1890—1971）以巴尔博命名的，可译为巴氏朴树。"朴"字读pò。周口店遗址中也出现过这种植物种子（Chaney, 1935）。1925年钱耐为美国自然博物馆派到蒙古的中亚科考队成员之一，后来与中国学者（包括胡先骕）多有合作。

巴尔博当初认定汉诺坝组为渐新世地层，到1959年中国地层学家仍然沿用。1962年采得新化石，才确认为中新世，但也有争议。20世纪80年代K-Ar年龄测定为18百万年—24百万年，属于中新世早期到中期。其中碱性玄武岩稍早，拉斑玄武岩稍晚。按现在的认识，汉诺坝组属于第三纪中新世地层，主要分布于张北、康保、围场等地，在太行山区的蔚县、阳原、井陉、临城等县也有零星分布，以玄武岩为主，夹少量安山岩、火山角砾岩、凝灰岩、泥岩、页岩及褐煤层，几十米到几百米厚。地层划分：E3到N1，其中E3表示古近纪渐新世，N1表示新近纪中新世。岩石夹层中富含植物化石，包含槭属、桤木属、朴属、水青冈属、香蕨木属等30个属的植物。

燕京大学的这位巴尔博教授在中国现代科学史上有一定地位，韩琦教授对此有专门研究。巴尔博先后在爱丁堡大学、燕京大学、辛辛那提大学任教，著名的"泥河湾层"命名也与他有关。我大学本科虽然学地质，却无缘见到他。巴尔博三个儿子中的二儿子所从事的工作与我后来的专业有关系，也来北京大学做过讲座，我们见过一次。他就是伊安·巴伯（Ian Graeme Barbour），1923年10月5日生于北京，2013年12月24日在美国去世。全家1931年离开北京，伊安先在英格兰读中学，1943年获得物理学学士学位，又获得美国芝加哥大学物理学博士学位，给费米当过助教。之后他去卡尔顿学院（Carleton College），从事"科学与宗教"的教学与研究，1999年获得坦普顿奖（Templeton Prize）。我的同事苏贤贵翻译过他的著作《当科学遇到宗教》。为何同姓父子，中译不同呢？是学科不同、交流不够导致的。类似现象很多，比如法国一著名学者在中国数学、力学和物理学界译作庞加莱，在哲学界译作彭加勒。

汉诺坝玄武岩是我国新生代裂隙式喷发的典型，构成蒙古高原的东南缘。玄武岩由拉斑玄武岩系列和碱性玄武岩系列岩石组成，前者较多，通常周期性互层喷出。从大的格局看，与欧亚板块内部的断裂有关（邱家骧等，1986），也有人认为与太平洋板块向欧亚板块俯冲有关，两者未必矛盾，可能只是不同尺度下探究的结果。

地球"下地壳"（lower crust）深度较大，目前无法直接探测。由玄武岩浆快速带到地表的"下地壳"包体（捕房体），可以提供有关"下地壳"的直接信息，这方面的研究比较热门。根据捕房体岩石学、地球化学、地震波速等研究，汉诺坝地区壳–幔边界大致如下：①上部"下地壳"，25—33千米，主要由长英质麻粒岩组成。②下部"下地壳"，33—40千米，主要由镁铁质麻粒岩相斜长辉石组成；③壳–幔过渡带，40—45千米，主要由榴辉岩相石榴辉石岩、辉石岩和尖晶石二辉岩橄榄岩等组成。（樊祺诚等，2005）

距离汉诺坝不远处的张家口万全区大麻坪橄榄石矿床比较出名，它与吉林蛟河的一处矿床一起，构成中国仅有的两处橄榄绿宝石矿。

1979年大麻坪曾出产一粒236.5克拉的橄榄石,琢磨后重130克拉,取名"华北之星"。两处矿床的成矿构造、温压条件、岩石学特征相似(刘瑞,2001)。

从张家口大境门向西北方向行进8千米到"菜市村",然后一直向北,先后经过土井子村、坝底村,可到达汉淖坝村。其中最后一段从坝底村到汉淖坝村,海拔有巨大提升,这段路的东侧栽种了较多的松树,野生沙棘也很多,生态很好。2021年3月19日,作者在这里看到,雪还未化尽,路边基本上是栽种的新疆杨和低矮的野生沙棘,后者经历一个冬天,果实已经由橙黄变成黄白色。坝顶海拔高但很平坦,汉淖坝村西侧便是长约5千米的隆起的汉诺坝组玄武岩,村南路边立有蓝底白字牌子"去汉诺坝地层剖面"。山梁上只有几株榆树和一株较大的旱柳,剩下的就是贴地生长的小草了。穿越村庄向西翻过山梁,有一处采石场,在这里可以观察玄武岩埋藏地下部分的情况。这里的玄武岩节理发育一般,极少见到规则的六棱柱体。

玄武岩石堆中偶尔有翠菊。归纳来看,在隆起的汉诺坝地层只可见到三种稍大一点儿的植物:榆树、旱柳和翠菊。下山进村时,作者在开化的雪地边看到压平的鸢尾科马蔺。春天这里的野花应当很多。打听了一下,村庄现存住户只有30多家,村北不远处新开张了一家现代楼房民宿,路边多处打了广告。村中许多人家养了驴,估计是用来拉车的。也有养绵羊和牛的。

在汉淖坝村,两头驴横在村中央的"张库大道"上,拦住了去路,倒是很温顺。当我从村庄向南走去找车时,驴子还跟我走了一段路。从汉淖坝村向北到草原天路入口一段,道路较平坦,沿途沙棘颇多,也能见到干枯的秦艽、麻花头。

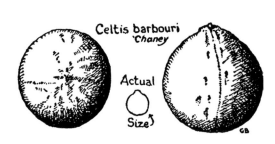

汉诺坝地层中出土的巴氏朴树种子化石,巴尔博绘,选自:Barbour,1929.

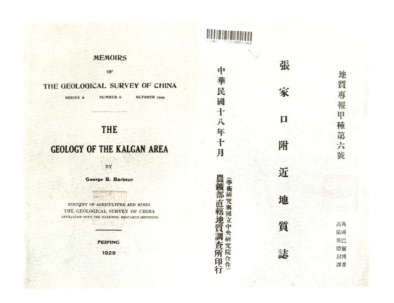

上图 燕京大学地质系教授巴尔博 1929 年发表的长篇论文《张家口附近地质志》封面。

下图 巴尔博 1927 年绘制的张家口地层柱状图。图中汉字为本书作者植入。

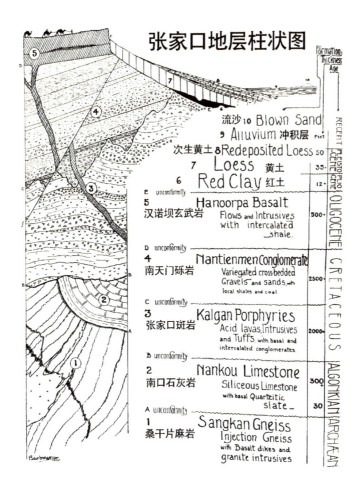

上图 自然形成的"南天门"拱顶,岩性为中生代侏罗系粗糙的凝灰质流纹岩,距今约2亿年。巴尔博1929年的论文中收录了此拱的照片,91年后观察,此处地貌几乎没有变化。出大境门沿Y023至南天门,再沿富民路向北可达。此拱的北部接近崇礼区的西南边界。2020年10月18日摄于"张库商道·檀邑溪谷"旅游文化度假区。

左中图 南天门组(早白垩世,后称为"南天门群")砾岩风化,岩块从高处崩落,然后进一步风化为细腻的红色黏土。摄于"菜市村"西南侧山梁新修山路旁。

右中图 张库大道上坝底村废弃的房屋,已经长出榆树和芨芨草(中间)。

下图 张库大道上坝底村废弃的房屋,中部两间是用黄土建造的仿窑洞。这样的房屋冬暖夏凉,现在新建房子不应当完全抛弃传统智慧。2021年3月19日。

上图 汉诺坝玄武岩。2021年3月19日。参见4.16节（第240页下图）。

左下图 汉淖坝村南侧路边的一个标牌，指示汉诺坝地质公园的"汉诺坝地层剖面"的位置。此地层的名字与此村名字"汉淖坝村"有关。

右中图 汉诺坝玄武岩石块上的壳状地衣。

右下图 汉诺坝的一处长城遗址。2021年6月4日。

上图 汉诺坝地层剖面山梁附近最大的一棵树：旱柳。分枝较多，上面有一鸟巢。蒙古国或内蒙古自治区吹来黄沙，天空阴沉。2021 年 3 月 19 日。

左下图 汉诺坝玄武岩石块中的菊科翠菊。2021 年 3 月 19 日。

右下图 汉淖坝村西侧山梁西坡一处采石场，能看到汉诺坝组玄武岩发育不很完美的柱状节理。

左上图 汉淖坝村里一户人家，门口有一头驴。2021年3月19日。

右上图 汉淖坝村（图片右前方）西侧山梁处的羊群。草地下面就是汉诺坝玄武岩体，地表有许多露出来的玄武岩石块。2021年6月4日。

右中图 在汉淖坝村，两头驴横在"张库大道"中间。2021年3月19日。

下图 汉淖坝一带野生沙棘较多。2021年3月19日。

1.7 崇礼附近区县的好去处

到崇礼区办事、旅行,不可能不顺便关注一下周边区县的风景。可看之处非常多,用五年时间也看不完!有些地方还需要反复观察。下面只列举一小部分"好去处"。

崇礼区东部赤城县有寒谷温泉、金阁山风景区、冰山梁风景区和黑龙山国家森林公园(其东猴顶海拔2292.6米)等,这几个地方都值得反复感受。仅寒谷温泉,我就去过不下十次(清代皇帝也经常来),通常住一宿,晚上到山上观星不错。由崇礼向东沿G335可到赤城,向北沿S242或G95可进入沽源。由沽源向西北可到内蒙古太仆寺旗,再向北可到锡林郭勒盟。由沽源沿G95向东可到大滩镇。

在G95从桦皮岭下高速后,向西、向东都有草原天路。向西崇礼段草原天路道路编号为X001,即县道第1号。向东的山梁上新修了一条美丽的观光车道,可算作草原天路东线,中间经过沽源县的莲花滩乡和小厂镇,与南北向的G239线相接。这附近有冰山梁景区,山顶温度较低,有岩石和野花可观赏。

东北部沽源县有五花草甸,在马路边就可以看到数千亩金莲花。近十年因开发,草质不断退化,但仍可一看。由沽源向东过大滩镇,在河北丰宁县境内有千松坝国家森林公园,芍药(野生的)、瓦松、紫斑风铃草、蘑菇很多。沽源县的九连城半拉山,弹丸之地,植物却很丰富,可留意北芸香、曙南芥、三裂地蔷薇。

北部张北县城东南有元中都博物馆,北有天鹅湖景区。再向北进入内蒙古太仆寺旗老牛地村,石条山的柱状节理很有特点。

由张家口市区向南可到蔚县、空中草原、东甸子梁、华北海拔第一高村庄茶山村、暖泉镇西古堡、蔚县剪纸博物馆、蔚州玉皇阁、南安寺塔、灵岩寺、释迦寺等各有特点,可慢慢体会。

在张家口市区西南方向的阳原县,澍鹫寺塔、泥河湾国家博物馆和遗址群、开阳堡等非常有特色。后者不抓紧修缮的话,结构就看不清楚了。

张家口市最北部是康保县,金长城、南天门周边田园和草地风光、康巴诺尔国家湿地公园可以快速看一下。

张家口市区西部有尚义县和怀安县,景点主要有大青山、察汗淖尔草原、石人背地质公园、怀安昭化寺、土木驿堡。在大青山上驾车要小心。

涿鹿县和蔚县交界处有小五台山,生物多样性十分丰富。不过现在上山限制很多,门票很贵。张家口市西部的万全区洗马林镇有全国重点文物保护单位玉皇阁。明宣德十年始建,万历三年、清咸丰八年两度重修。

怀来县有鸡鸣驿(附近有鸡鸣山,归张家口市下花园区)、黄龙山庄、镇边城、大营盘长城,这些景点离北京比较近。宣化区古迹、美食甚多,不一一罗列,返回北京时不妨转转。

赤城县冰山梁。2016年6月11日。

上图 赤城县冰山梁上水平节理发育甚好的花岗岩,与内蒙古克什克腾旗阿斯哈图石林(现名克什克腾石阵)相似。2016年6月11日。

下图 赤城县黑龙山东猴顶。2015年8月3日。

左上图 蔚县南安寺塔。2015年8月28日。

右上图 蔚县南安寺塔。2017年6月7日。

下图 蔚县灵岩寺。2017年6月7日。

左页图 康保县沙地生长的豆科蒙古羊柴（Corethrodendron fruticosum var. mongolicum），其根系十分发达。2015年8月。

上图 阳原县浮图讲乡开阳堡村开阳堡。2015年8月27日。

下图 尚义县大青山。2015年8月。

第2章

分形边疆

燕赵河山分战国，金元府路合前朝。
太平莫作寻常看，下有皋夔上有尧。

——（清）陈逢衡《张家口秋日杂兴八首》

分形（fractal）是非线性科学中的一个概念，分形几何学是大自然的几何学。分形概念特别适合说明不同组分相交织所形成的具有多重自相似的结构。要以通俗而形象的方式阐明崇礼历史演化，借用分形概念颇方便。

2.1 治世金汤不在城：水晶屯长城

崇礼区古长城分布广泛，几乎被古长城包围着。不借助于长城，甚至没法说清崇礼的地理、地貌和历史纷争。翻看崇礼区地图，容易发现，它处于长城以北，但海拔较高，既高于南部内陆地区，部分山地也高于北部草原地区。

从张家口北部的大境门向东，经东太平山的鱼儿山，从大华岭隧道（通往崇礼的高速公路）上方跨过，继续向东，然后转向东北方向，经过水晶屯东南，一直延续到太舞滑雪场主峰，再向北奔向四道梁，有多个时期的古长城，多为明代所修。在崇礼区南部和东部共有明长城92.3千米，其中敌台、瞭望台、烽火台墩有153个（朱阅平主编，2011：65）。在崇礼区西部的五十家村与张北县交界处还有燕长城和秦长城遗址，长约9千米，风化严重，现仅剩下土埂。

崇礼区保存最好的一段长城位于水晶屯村和四台沟村境内。就完整性而论，虽不及居庸关、八达岭、大营盘一带的长城，但雪后观看也别有意境。这一段长城正好位于崇礼区与桥东区的边界，双方均视此段长城是自己区内的风景、遗产。从北部崇礼区的角度看，这里是水晶屯长城；从南部桥东区的角度看，这里是青边口长城。明代张萱的《西园闻见录》曾将青边口与张家口并提；明代王琼的《晋溪本兵敷奏》中将青边口与白羊口（可能对应于今日的羊房堡村）并提；明崇祯年间知州来临的《蔚州志》提到张琦为延庆州守备、张辅为青边口守备。据《大清一统志》，明嘉靖将领李光启（1511—1555）作为宣府参将曾御鞑靼兵于青边口，兵败被俘。贼索金帛为赎，李光启瞋目大骂，贼怒杀之。

此段长城从大境门经过50千米直接延续过来。南北有一条狭窄的公路近似垂直穿越长城遗址。在南侧，从东西向的S310省道边的东望山乡出发向北，经过青边口村，过山岭（长城），再向北是水晶屯村，然后与岭北侧东西向的S242省道相接。2020年10月3日实地探察发现，目前桥东区更主动一些，早已抢先在长城下的平坦处立了三个不锈钢宣传牌。距停车场不远小路南侧有一山洞，不知是何时的产物，洞口附近是低矮的沙棘。这里大部分长城墙体已经坍塌，质地为就地取材的变质花岗岩、正长岩，质脆，颜色微红，上面有含铁黑色条纹，石块通常较小。顺南坡小路上山，重点考察了从南侧数（从下数）第二个烽火台，砖砌，其中南面一侧墙体垮掉，下面的山坡上散落了大量长城灰砖，尺寸大约是39厘米长、19厘米宽、9厘米厚。

传说，这一带的长城也叫"秦边虎长城"。许多宣传文章中说，明洪武二年（1369）常遇春（1330—1369）之子常茂（约1356—1391）在此降服占山为王的秦边虎，留下后者重兵把守，修建长城。不过，我始终没有查到此传说的根据。1369年常茂只有13岁，如此年纪能够降服一个山大王？张家口市文化广电和旅游局长城保护管理处常文鹏的说法是，大将常遇春当年追击元顺帝路过这里，留下了他身边爱将秦边虎守护，秦边虎后来修筑了"秦边口城堡"，时间久了，以讹传讹演变成"青边口"。《大清一统志》在介绍葛峪堡（今张家口桥东区葛峪堡村）时，讲到其西七里有常峪堡（今常峪口村），又西二十里有青边口堡，皆明宣德中置，周三里有奇；又西二十里有羊房堡，北去边墙十里，与张家口接壤，明成化元年筑，周二里有奇；顺治八年三堡皆并入葛峪堡。按此，青边口堡是1426—1435年（宣德元年至宣德十年）修筑的。

1933年7月冯玉祥、宋哲元所部在此与日寇激战三天三夜（武平，2009：167-168）。1948年冬，平津战役解放张家口时，林彪部队段苏权（1916—1993）将军的前线指挥部就设在青边口堡附近。

从观光的角度看，此处长城的可观赏性一般。驾车来此地交通便利，用电子地图导航至"水晶屯村"或"青边口村"，很快就能找到古长城。为保护文物，建议不要直接踩踏长城遗址，可沿南坡山腰小路上山。沿途可见到特色植物沙棘、中麻黄、灌木铁线莲（*Clematis fruticosa*）、柳叶鼠李（*Rhamnus erythroxylum*）、华北驼绒藜等。灌木铁线莲对北京人而言新鲜，但在赤城、崇礼、涿鹿、蔚县的干旱山坡和崖壁上非常多，笔者第一次见是在张家口市下花园区鸡鸣山的山顶。不久前与中科院建筑设计院绪所长等考察时，在富龙滑雪场东南侧山脊首次见到柳叶鼠李。华北驼绒藜为苋科（原藜科）小灌木，在张家口经常用作树篱，此植物北京白羊沟山梁上也有，但《北京植物志》漏收。

这里的明长城成了两方争夺的旅游资源，究竟应当叫什么名字？此段长城位于崇礼区与桥东区的交界处，谁都有权主张。这令人想起北京与河北交界的松山/海陀山（用字也比较混乱，有时"陀"写作"坨"）。不管归谁管，保护都是第一位的，但很可惜，目前保护不到位。2020年10月3日，笔者见到十几名游客登上距离停车场最近的一座烽火台顶部踩踏、蹦跳、呼喊、拍照留念，这对十分脆弱的烽火台有一定破坏作用。另外，游客长期踩踏山脊的长城碎石遗址前行，也有点儿问题，过不了多久，本来就不算很高的墙体遗址便会被踩平。

修长城是浩大工程，花费巨大。中国人一向重视长城，组织200多位学者编纂的10卷12册《中国长城志》业已出版。我参观过多地的长城，经常在思考：长城有什么功能？长城象征着什么？从小就怀疑通常的说法。长城主要用于防守而非进攻，这是肯定的。用这一多少有点儿保守的意象来阐释中华民族的精神，恐怕不妥当。"钢铁长城"之喻，似乎也无说服力。由于战线过长，靠长城来防御是很成问题的。长城很容易被集中的优势兵力攻破，而一旦被攻破，长城立即成全了对手。为什么要修长城？美国东方学家拉铁摩尔（Owen Lattimore，1900—1989）指出过，长城除了军事用途外还具有别的重要功能，我们不能以它的军事功用掩盖其真正的社会用途。引申一下，修长城可以动员全社会的劳工和资源，威慑民众，展示权威，进而增强统治力量，这跟现代各国的穷兵黩武是一样的。单纯从军事防御、保家卫国看，投入巨大人力物力修筑长城是浪费的。秦帝国的崩溃过程并非始于长城边疆，而是始于淮河流域（拉铁摩尔，2008：298-304）。

康熙帝认为长城不利于国家统一，尤其不利于北方游牧族群与汉族群的政治一体化，他坚持皇太极、顺治帝提出的"满汉一家"的统治策略，进而又发展成为"中外一视""天下一家"的大一统思想。据《钦定四库全书·圣祖仁皇帝圣训》，康熙皇帝反对重修长城，其理由说得过去："帝王治天下自有本原，不专恃险阻。秦筑长城以来，汉唐宋亦常修理。其时岂无边患？明末，我太祖统大兵长

水晶屯长城,大部分地段只剩下一垄碎石。碎石岩性花岗质,部分变质。2020年10月2日。

驱直入,诸路瓦解,皆莫敢当。可见守国之道,惟在修德安民,民心悦服,则邦本得而边境自固,所谓众志成城者是也。"清代一品大员陈世倌唱和道:"地拱神皋右臂张,关前山后雉云黄。圣朝自有安边策,岂恃秦城万里长。"(转引自刘振瑛主编,2019a:277)清代太学杨国声也说:"圣朝奔走宁需马,治世金汤不在城。"(转引自刘振瑛主编,2019a:282)

皇太极曾颁布《满汉别居令》,宣布"满汉一体,毋致异同"。而后来的同盟会却提"驱除鞑虏,恢复中华",气度显不足。早先孙中山眼中的"中华"太小,显狭隘了(只是部分沿袭了明太祖朱元璋《谕中原檄》的主张)。当然,后来孙先生不再提"驱除鞑虏",还批判了民族复仇论,转而提出"五族共和"的政治口号。

现在看康熙的论证,不但有道理,而且简直是说到要害。根本上说,国家强大、族群兴旺不靠那些外在的东西,而要靠教化、文明。唐太宗李世民也有类似说法。他曾对侍臣说:"隋炀帝不解精选贤良,镇抚边境,惟远筑长城,广屯将士,以备突厥,而情识之惑,一至于此。朕今委任李勣(注:勣音 jì,唐初名将,原名徐世勣)于并州,遂得突厥畏威远遁,塞垣安静,岂不胜数千里长城耶?"

上图 水晶屯长城，砖包黄土。2020年10月2日。

左下图 水晶屯长城一个烽火台的包砖即将倒塌。2020年10月2日。

右下图 苋科（原藜科）华北驼绒藜。2020年10月2日摄于水晶屯长城。

鼠李科柳叶鼠李。2020年10月2日摄于水晶屯长城。

2.2 "人头山"古长城的春花

2021年4月28日早晨,笔者听着不同版本的《两只小山羊》,驾车从"宣化北"下G6高速。先参观"下八里辽代壁画墓群"。这是全国重点文物保护单位,曾列入1993年全国十大考古发现。墓主张世卿(1号墓)"慕道、崇儒、敬佛、睦族,循义忘利,不畏豪强,不悔寡弱"。大安中,民谷不登,饿死者众,张世卿进粟二千五百斛,得到皇帝嘉奖,被擢升,"累覃至银青崇禄大夫,检校国子祭酒,兼监察御史,云骑尉"。墓主张世谷(5号墓)"生而柔善，长而淳俭。有谦慈顺美之声，无凶荒欺凌之性。内丰其家，外朴其志，自幼及耄志崇佛教。卒于辽乾统八年（注：1108年）五月十九日，享年五十九岁"。景区守护人说，地面上的建筑都是后来修的，地下的不让看。这处辽代晚期至金代中期的汉族官吏和商人家庭墓地，最有名的是壁画，这次我是看不到了。"早已褪色，真让你看的话，也没啥意思。"听到这话，便自我安慰，向北直奔山根下的"蓝鲸驾校"。

到驾校干什么？2020年3月21日已来这里一次，自然也不是冲着驾校，而是沿其东边小路上山到"人头山"顶峰。那次赶上下小雪，地面结冰，汽车行在狭窄山路上战战兢兢。到了山腰，觉得命要紧，不敢再前行。扭来扭去调头时，生怕脚下油门踩得不合适，冲到山下。比起上一次，这次的时间晚了一个多月，北京城已是春末，这里也进入早春，山坡上代替一片雪地银白的，是山杏和榆叶梅稀疏的粉白，榆属植物刚刚长出榆钱，黄刺玫依然只有花苞儿。花岗石小岩块铺就的路面，轮胎压到上面稳稳的，不足十分钟就到了大华岭隧道东侧小山梁的三岔点。西北方向下山土路通三道边、二道边和头道边，东北方向继续上山奔"人头山"主峰。

向西、北、东望去，数万株野生的单瓣榆叶梅把荒凉的山坡装点得像一位不太高明的画家创造的壁画，然而它却是真的！碎石组成的古长城经榆叶梅修饰，胜过任何人工园艺景观。这一带长城多为干插石垒长城，原呈梯形，年久失修，坍塌变矮，成了石垄。2018年11月1日所立石碑标记，此长城为"明长城—东窑村长城1段"。"东窑村"三字来自张家口市桥东区"口里东窑（子）村"，崇礼区再次失去命名权。35年前来北京上学，第一次见榆叶梅觉得新鲜，看多了觉得俗艳，特别是重瓣品种。后来发现，北京、河北山上经常生长着野生榆叶梅，清新自然，百看不厌。差异何在？我经常想这个问题。答案似乎在于，在山里它长在了合适的位置，在城里它被过分设计，而任何自然美都经不起人为摆布。

再行十分钟到达"人头山"顶峰，这里属于东窑村长城2段，海拔1600米左右，现在是"张家口712转播台"所在地，有十几间房屋。其东侧稍低处便是传说中的"人头山"造型，我眼拙，怎么也没看出"人头"来。用150—500mm镜头，透过"人头山"顶峰的凹口向东北远望，可见远处长城的一个烽火台。将车停在转播台门口倾倒垃圾的平台上。有人就会有垃圾场，一点儿不假，这么偏远的高地也不例外。沿一条若隐若现的人行小道向东行进，小路走向与山脉一致，但位于山脊北侧，即背阴侧。小路两旁主要是美蔷薇、小花溲疏、红丁香、绣线菊属植物、鼠李属植物、耧斗菜属植物、虎榛子、照山白、栒子属植物，前两者居多。此时仅有照山白长着完整的绿叶，四季中它差不多一直那样子，美蔷薇、红丁香、山蒿等只有小叶芽。虎榛子如棕红色毛虫般的花序倒是显眼。地表、崖壁上有糙苏、多花麻花头、石韦属植物、地蔷薇属植物、薄叶委陵菜（*Potentilla ancistrifolia* var. *dickinsii*）、紫苞鸢尾、白头翁属植物、莓叶委陵菜、薹草属植物。此时仅后四者见花，一蓝一紫两黄。准确地讲，这种薹草的花为黄白相间。向东下行约800米，来到一个鞍点。东西向为明长城，东部有两个巍巍耸立的烽火台，其实是"危危"耸立，因为它们随时可能坍塌。

一老伯正在挖草药：菊科苍术的根。他递给我一支烟，我说不会吸，他便独自点了。"山里防火可要注意哟。"我小心地提醒着。"我吸完就掐了，不会有事的。"他指着长城石垄上的石块做出一个掐灭烟头的动作。"您贵姓？""姓zhào，zhào家口的zhào。"我反应了一下才明白："姓张？"他点了点头。张老伯说主要靠采药和种地为生。面对一片碎石，老伯说："孟姜女哭倒的。"我笑了笑，他接着说："传说，只是传说。"虽然光线不是很好，还是对着烽火台多拍了几张，谁知道它们还能挺多久。近处一座烽火台，从西侧地表能看到五层花岗岩基础，上面包砖，西南角已经开了大口子，西北角下部也有破损，西立面正中间张开一道缝，上部几层砖块像特意搭成的多米诺骨牌。

下山可选择直接向北到南窝铺村，但新开辟的土路太险，次一级的选择是在原路返回的中途向西北走土路直接到三道边村。我还是老老实实原路返回蓝鲸驾校。沿206乡道向西，过G95后向北转上山、钻隧道到二道边村，然后在鱼儿山北部向西下行到大境门。鱼儿山后边的这条小路我已经走过两次，这是第三次。走山后的好处是，可以避开张家口城区的拥堵，坏处是在接近大境门时不小心走上了东窑子镇西沟南街（Y023乡道）的单行线，被扣3分！

总结"人头山"之行，榆叶梅风景较特别，山脊东侧长城有机会宜用一整天细心考察，顺便沿途观花。

通往"人头山"的山路，雪后路很滑。2020年3月21日。

上图 "人头山"山坡上盛放的榆叶梅和山杏,后者的花色稍白一点儿。2021年4月28日。

下图 明长城两侧的榆叶梅。

左上图 大华岭隧道东部的明长城石垒和榆叶梅。

右上图 蔷薇科薄叶委陵菜上一年的果序,其中萼片三角卵形,副萼片狭披针形。

左中图 桦木科虎榛子的花序和嫩叶。

右中图 唇形科糙苏。

下图 "人头山"东侧明长城的烽火台。

2.3 太子城村与泰和宫

由于 2022 年冬奥会，忽然间，沉睡了近千年的崇礼太子城村一下子成为焦点。

从北京城乘高铁，用 1 小时的时间抵达崇礼区的太子城村，这也是最快速的访问崇礼区的办法，乘专用直升机也比这快不了多少。崇礼区于是出现了双中心，一个是西湾子镇，一个是太子城村。前者人口众多，是区行政中心；后者原来是个小村庄，因滑雪和冬奥会，三条小河交汇处几乎被挖了个遍，附近大兴土木。太子城村变化之迅速，令人无法想象。即使经常到太子城的人，几个月不过去，也会觉得陌生。为保护太子城遗址，北京冬奥组委与河北省政府对原规划进行了部分调整，就地开辟了太子城考古遗址公园。

为何叫太子城？这里有城吗？哪个太子？这是最基本的疑问，但是学者们一时无法给出明确的答案。其中一个原因是，历史记载太少，遗迹中的文物不够丰富。

宏观上可以猜测，这里曾经繁荣过，大约在辽金时期。同一时期南方还有大宋，西边还有西夏。

要理解这里曾经有多繁荣，有些困难。知识分子对文明、文化的认定、评价，通常是有问题的。从生态文明的眼光看，凡是在历史上过着比较自然的生活、对大自然友好的文明，后人对其评价通常不高，因为折腾得不够狠，"精神事迹"不彰，积累的"物质垃圾"不够多。比如活动于草原的先民，他们在一个地点不会生活得太久，拔营起寨时在刚刚居住过的地方也不会留下很多痕迹。过了一段时间，他们可能再次回来，重新搭建帐篷。这不就是户外运动"无痕山林"（Leave No Trace）的风格吗？而且不限于一次两次出游！他们通常过着游牧生活，对于课堂教育和文字记录，并不很在乎。他们没时间把孩子拴在屋子里苦读十年二十年，没功夫慢慢研墨和书写，更不可能用牲口驮着几箱子书或者背着图书

左页图 "人头山"南侧"人头"下部荒凉的山坡长满了榆叶梅。

馆到处走,因而他们留下的文字史料相对于过定居生活的农耕文明、满地球乱窜的工业文明要少得多,达到几乎可以忽略不计的程度。客观上,他们没有到处树碑立传,是他们智力、智商有问题,还是体力有问题?都不是,只是生活方式不同。他们有自己的说唱文学、口传历史和技艺传承方式。那么对其文明程度如何判断?以前这好像根本不是个事,按传统的认知,他们落后。可是现在,从可持续生存的角度看,从天人系统长远演化的角度看,从达尔文演化论的角度看,恐怕没那么简单。当然,也不能直接说他们就比农耕文明、工业文明更高级,只是我们不应轻易按单一标准排序。

回到崇礼的太子城,知识界早先推断它曾经是辽代的一个小城。辽国原名契丹,由潢水(今西拉木伦河)和辽河上游的游牧民族契丹族建立。辽代有许多个京城,上京临潢府(今内蒙古巴林左旗林东镇南郊)为正式都城。此外还有四个陪都,分别是西京大同府(今山西大同),南京析津府(今北京),中京大定府(今内蒙古赤峰市宁城县大明镇附近)以及东京辽阳府(今辽宁辽阳市),都未进行太大规模的土建。太子城更不可直接与这五京相比。

太子城住过哪位太子,民间有秦代扶苏太子、唐代驴太子、辽代耶律倍太子等传说,都无根据。先不讲是谁住过的,搞清建筑物的修建年代也很好。早先学者以为是辽代,三年的考古发掘工作证明是金代的,而且不是前期。金代物质文化我们接触得不多,但是通过山西稷山马村段氏仿木构砖雕墓,可以多少感知金代建筑、雕刻、戏曲艺术之发达(田建文、李永敏,2005),超出了普通人的想象。那么距离燕京(在今北京西南,称中都)不远的这座金代太子城呢?中央电视台曾播出两集电视片《崇礼太子城遗址》,较详细地展示了遗址发掘各个阶段的惊喜。负责发掘工作的黄信先生也在《光明日报》和《考古》发文叙述了发掘过程及得出的结论。

大尺度上看,太子城遗址处于华北平原与蒙古高原的分界线上，即"禾"与"草"的交汇处。局部看，北有"靠山"，南有"望山"，两者山顶相距4.9千米，连线为158度，正好与遗址的中轴线平行，且相距不远。遗址的中轴线向南延长140千米，垂直穿越金中都（北京丰台区有金中都城墙遗址公园）和金陵（北京房山区有金陵遗址，此地共葬有金代17个皇帝、后妃及诸王，为全国重点文物保护单位）。这个也许是巧合，不必太当真。

太子城出土遗物包括各类泥质灰陶砖瓦、鸱吻、嫔伽、凤鸟、脊兽等建筑构件，做工一般，有的还显粗糙。另有部分绿釉建筑构件、铁鸣镝、铁蒺藜、铜帽铁钉、铜包角、瓷器、鎏金铜龙形饰、铜钱等，青砖上多戳印"内""宫""官"字，部分鸱吻上刻"七尺五地""天字三尺"等。刻"尚食局"款的瓷器碎片很多，它们基本上是定窑白瓷（保定曲阳生产），也有仿汝窑青瓷盒、黑釉鸡腿瓶罐等。"尚食"是古代官名、官署名，负责皇帝膳食等事务，实际上可能不限于服务于皇宫。宋代有"尚食局"机构，与之对应还有"尚药局"。各地出土的"尚食局"铭瓷器，通常内印摩羯纹和花草纹，外部有时也刻有花纹，圈足内刻"尚食局"，写法通常很随意。此类瓷器传播较广，俄罗斯滨海地区也发现过"尚食局"铭定瓷。太子城遗址发掘中，从一口井里意外找到一个不很大的"铜坐龙"或"铜坐狼"，非常精致，算是此次发掘中令人惊喜的发现，它大约是马车上的装饰物。遗址出土文物总体上以陶质构件为主，金属物件比较少。从发掘结果看，整个太子城遗址的特点是等级高、规模小。基本可以确定太子城遗址时代为金代中后期（1161—1234），功能是皇家行宫，比原来人们猜测的要晚一些。

为何在如此偏僻的地方建行宫？专家认为，太子城与金朝皇帝金章宗完颜璟夏捺钵（渔猎活动）的泰和宫相关。史料称金章宗泰和二年（1202）与五年（1205）分别驻夏于泰和宫，再综合地理位置，专家推测太子城即金章宗的泰和宫。此行宫修了8年，存世9年。据清代徐松编辑的《宋会要辑稿》，1209年金莲川一带的行宫都被蒙古人烧毁，泰和宫应当包括于其中。

泰和宫与太子城相关，但是金章宗没有立成太子，可能与他个人的体质有关系，用现在的话说是基因不够强大！金章宗在位期间，做了许多事情，完成金代女真族的封建化。他北伐蒙古，南征南宋。金章宗本人也挺文艺范儿的，在诗词歌赋、书法绘画、音乐戏曲上颇有造诣。他一生有六位皇子，均在三岁前夭折，最终只能传位给叔父完颜永济。"一生未有太子的金章宗，却留给了世人一座太子城，这就是历史与事实。"（黄信，2019）

考古发掘和文物鉴定，以及文献匹配，最终帮助确定了遗址的时代，但是并没有很好地回答百姓最基本的关切：太子城名字的含义是什么？即这个太子指的是谁？甚至，上面的所谓初步结论也可能被推翻。凭什么把太子城和泰和宫等同？即使联系在一起，涉及太子问题时，也未必是金章宗之后的太子。又凭什么说先有金章宗后有太子城？

史书上留下一些有趣的内容，但据此还很难拼凑出完整的画面。先回顾一下有关记载。

《永乐大典》收录元耶律楚材之子耶律铸（1221—1285）的《双溪醉隐集·天香台赋》，其中写道："天幕旁垂，云帷高卷，御枹浮动，异香冶艳，姿律膏熏，蔷薇露染。惜春情态，恋春风致，花雨漫天，金莲布地。"对末一句的注释是："北中金莲，每至夏特盛，姿艳殊绝，未见其匹。金章庙常宴泰和宫，夏日牡丹，顾谓元妃李氏曰：牡丹诚独冠花品，以金莲罗列其下，尤风流可爱，可谓潘妃步步生金莲。"按此注解，及其他相关资料，泰和宫在今崇礼区东北方向的赤城县金莲川附近，而不是现在的太子城村。据明代正德年间《宣府镇志》，泰和宫在金莲川，金章宗与李妃避暑于此。但据《元史地名考》，金莲川附近的行宫是景明宫。南宋刘过（1154—1206）曾写《过泰和宫》："林塘漠漠乱花飞，门掩苍苔过客稀。蝴蝶与身俱是梦，杜鹃怜我几时归。徐行便当篮舆称，清话何妨羽扇挥。四十九年蘧伯玉，此生毕竟是邪非。"

《钦定四库全书·金史》第96卷在介绍李愈时，写道："泰和二年春，上（注：指皇帝金章宗）将幸长乐川，愈切谏曰：'方今戍卒贫弱，百姓骚然，三叉尤近北陲，恒防外患。兼闻泰和宫在两山间，地形狭隘，雨潦遄集，固不若北宫池台之胜、优游闲适也。'上不从。夏四月，愈复谏曰：'北部侵我旧疆千有余里，不谋雪耻，复欲北幸，一旦不警，臣恐丞相襄枢密副使栋摩等不足恃也。况皇嗣未立，群心无定，岂可远事逸游哉？'上异其言。未几，授河平军节度使，改知河中府事，致仕。泰和六年卒，年七十二。"上面叙述中，"三叉尤近北陲"中的"三叉"是地名，指三叉口。《金史详校》："世宗纪大定六年（注：1166年）七月次三叉口，八年（注：1168年）七月次三叉口。《完颜纲传》：三叉口置捺钵。"但这个"三叉口"究竟指哪儿？它距离泰和宫多远？今日赤城县龙关镇东不远处有"三岔口"，位于S3801上。两者是同一地点吗？现在还难确定。

民国年间的《龙关县志》提及"避暑亭"："在县（注：指龙关县，今赤城县龙关镇）北四十五里新墩坑。该堡系明德戎倪尚忠牧场。堡北里许于清光绪二十八年发现古柱十余根，长六七尺，粗三四围。相传系元季某太子住太子城，在此建避暑亭。此柱石后为张北县西湾堡天主教购去作建筑教堂基础云。"民国县志只是那么一说，讲的是"相传"。

《河北日报》一文指出，太子城可能与庆宁宫有关，而非与泰和宫有关。相关的太子可能是元代忽必烈嫡长子孛儿只斤·真金（1243—1286）（孙登海，2019）。1273年，真金被册封为太子，举行隆重的册封仪式，诏告天下。

如果只盯着金世宗和金章宗两帝，便忽略了其间只活了39岁的金显宗（1146—1185）。我的一个猜测是，先有初级的太子城，后有行宫（起初名字不详），两者有关但不是一回事。初级的太子城，并未进行大规模的"土建"，考古上自然不易识别。明昌四年（1193）

始动工兴建行宫，此时可能已有太子城了，行宫于泰和元年（1201）告竣。由于改元为"泰和"，驻夏行宫遂取名为"泰和宫"。1202年金章宗来此住了17天，就把它改名为"庆宁宫"。庆宁宫提举兼任龙门县令，龙门县后改名龙门镇、望云县、龙门卫，偶尔也为龙关县，如今为赤城县龙关镇。

金显宗，女真名胡土瓦，汉名完颜允恭。大定二年（1162）被册立为皇太子，时年16岁。大定八年（1168），赐名允恭。大定二十五年（1185），金显宗病逝，金世宗颇伤心，追谥宣孝太子。显宗一生便有两个太子称号。这时，泰和宫还未开建。之后其子完颜璟（金章宗）即位。太子城是民间叫法，情况可能是这样的：不是以金章宗或其子的名义命名的，而是以其父亲金显宗的名义命名的。大定九年（1169）金世宗命太子避暑于草泺，太子不太想去，世宗就说："汝体羸弱，山后高凉，故命汝往。"这个"山后之地"，就可能是后来的太子城。其中的"山"指哪里？

元代诗人刘因（1249—1293）有诗《金太子允恭墨竹》："手泽明昌（注：金章宗的第一个年号）秘阁收，当年缇袭为谁留？露盘流尽金人泪，应恨翔鸾不解愁。"刘因另一首恋金哀金之诗的部分句子如下："金源大定（注：金世宗年号）始全盛，时以汉文当世宗。兴陵（注：金世宗陵墓）为父明昌子，乐事孰与东宫同。文采不随焦土尽，风节直与幽兰崇。百年图籍有萧相，一代英雄谁蔡公？策书纷纷少颜色，空山夜哭遗山翁。我亦飘零感白发，哀歌对此吟双蓬。"明代学者谢一夔有诗《金太子允恭林檎图》："太平宏开端本堂，黄帘绿幕春昼长。宫辰讲罢有清暇，丹青点缀分毫茫。须臾写出文林果，荷叶盘乘两三颗。浅绿波涵翡翠摇，轻红雾湿胭脂堕。人间回首几百年，昔时台榭飞寒烟。豪华富贵不复见，空遗图画仍流传。"

既然可以往前追溯，是否可以考虑到辽代？理论上可以。据朱阅平，辽朝十一帝，前五朝用世选制，后六朝才用嫡长子制，正式有太子一说是从辽圣宗开始,那么第一个候选者是辽圣宗的儿子辽兴宗耶律宗真,他1021年被封为皇太子,1031年继位(朱阅平主编,2015:131-134)。也许这又早了一点儿。

据2015年统计,崇礼区辽、金遗址、墓葬共有59处。考古发掘推定太子城主体建筑属于金中后期,但太子城可能在辽代即已形"城",一个重要证据是太子城周边村落有多处辽代遗址:东3.6千米的桦林子村,有"庄科辽代遗址"和"一面坡辽代遗址";东北约1.8千米的棋盘梁村,有"台地辽代遗址";西5千米的转枝莲村,有"南坷塔地辽代遗址";西9千米的马丈子村,有"村东辽代寺庙遗址";南约3.5千米的营岔村,有"村西辽代遗址"(朱阅平主编,2015:3-4)。这些遗址都出土了布纹瓦、泥质灰陶盆、白瓷碗等。

我一直在想一个问题:古代的交通格局与现在完全不同,那时一般情况下如何抵达太子城?前文"山后之地"之"山"指的是哪座山?

今太子城实际上是四条或五条道路的交汇处,相当于四道口或五道口。北侧路通往如今的云顶滑雪场,再翻山虽然可前行,但要连续在山里转,几乎没有出路,略去不谈。西侧路下坡,通大境门,自然没有问题,但是路太远。东侧路向东然后转向北,通和平公园,翻山可进入沽源。南侧路分出两条,一条转向东,过枯(古)杨树村即如今的"雪如意"和"冬季两项中心",再向东南翻山,可进入赤城县境内的西沟窑村、炮梁乡,但翻山有点儿难;另一条路直接指向南部的龙关县(今赤城县龙关镇)。反过来,从南向北看,出龙关县城(今日的龙关镇)一直向北,从西青羊沟村(海拔1385米)沿缓坡上山穿越古长城,山顶恰好是如今太舞滑雪场东侧的"鞍点"(海拔1810米),再向北下山就到了太子城(海拔1585米)。这算不算由"山前"到了"山后"?

在古代,这条道路走得通吗?为了验证这一点,我专程四次实地考察。其中两次向西到了窑湾村,因季节问题和道路问题无法前行,折返。另两次向北到了西青羊沟村,可以翻山。结论是,西青羊沟村向北走得通。也就是说,在古代,最方便的路径是南北线,中间只需要翻越一道并不险峻的山岭。如果这条路是确定的,那么,关于太子城的许多故事就容易讲通了。如果骑马或有轻便运输车队随行,从北京出发,经居庸关、土木堡(土木镇,靠近怀来)、鸡鸣驿(怀来县鸡鸣驿乡)、龙关县(龙关镇)、西青羊沟村、今日的太舞滑雪小镇,是抵达太子城最便捷的道路,比从大境门绕行方便许多。当然,出发点未必是北京,也可能是宣化、赤城等。今日,由北京到达龙关镇,有多种办法。喜欢自驾的朋友,可以琢磨一下地图,大概有四条路线!

太子城至少有860年的历史,崇礼的故事可追溯千年。在忙碌急躁的今天,还有多少闲情可以怀古?歌曰:

倌车咿呀兮商贾往来,
风吹草低兮白雪皑皑。
山河好大兮大好河山,
允恭绘绘兮隧道时间。

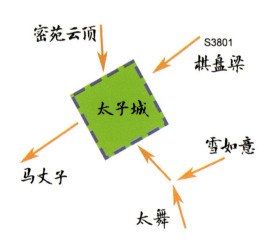

"崇礼区第二中心"太子城村附近交通、河流示意图。

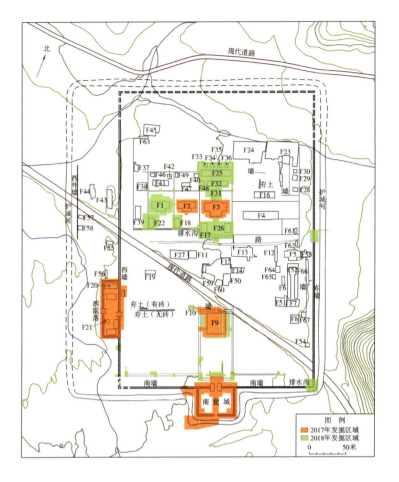

上图 2017—2018年太子城遗址发掘实测图，引自黄信等，2019: 78图二。

下图 发掘太子城西院落东侧编号J2的水井时找到的"铜坐龙"，高18.5厘米，重1.96千克。图为邀李聪颖女士根据电视图像绘制。此铜坐龙与1965年黑龙江省哈尔滨市阿城区白城金上京会宁府遗址出土的皇帝御辇上的饰物铜坐龙（存于黑龙江博物馆）有些相似，不同之处主要在于太子城这只兽后背多毛（以多个铜环表示）。这类动物形象，既可以说是龙也可以说是"草原狼"。

左上图 从太子城村北侧的"靠山"顶部俯视太子城遗址公园区和遗址保护区,图片正前方(南方)为"望山"。"靠山"与"望山"顶部连线恰好平行于太子城遗址的中轴线,这一点我从地图上和在野外实地均验证过(参考4.14节)。太舞滑雪场在图片的右前方。此处冬奥会场馆群、云顶滑雪公园以及太子城冰雪小镇三个项目(正前方)总规划面积约960公顷,由北京林业大学李雄教授领衔的风景园林团队负责整体设计。"靠山"上栽种的云杉,在花岗岩风化的土壤上长得非常茁壮。2021年3月24日。

右上图 太子城附近正在施工的"雪如意"。2020年10月3日。

左中图 雪中运动员在冬季两项场地坚持训练。这里侧风很大,但愿2022年比赛时风力变小。2021年3月20日。

右中图 太子城冬奥村东北部的施工工地,照片左前方为京礼高速路S3801太子城出口。

左下图 太子城遗址保护区博物馆。2021年4月23日。

右下图 太子城遗址保护区博物馆近景(局部)。太子城冰雪小镇的建筑群设计大量采用六边形的仿雪花图案。

上图 由"中信建设"施工的崇礼太子城冰雪小镇项目。建筑群造型奇特,广泛使用了金属架构。2021年4月23日。

左中图 穿过工地,爬到枯(古)杨树村南半山腰,向北看"雪如意"。近景为中国黄花柳。2021年3月20日。

右中图 与左中图在同一地点拍摄,近景为同一株中国黄花柳,镜头焦距不同(左中图单反变焦80—200mm镜头取80mm端,本图微单定焦16mm镜头),时间相差一个多月,此时中国黄花柳正在开花。2021年4月23日。

下图 从枯(古)杨树村南山的山坡工地上向西南望,远处是太舞滑雪场的最高点玉石梁(海拔2160米),焦距92mm。2021年3月20日。

上图 从龙关县（今龙关镇）向北直接抵达崇礼太子城的通道，"山后"不远处即是太子城。画面横向为北京到太子城的高铁线路，向右侧再钻一个隧道，出来就是太子城站。此图中，向前垂直穿过铁路桥后向右前方到达山梁，正好就是太舞滑雪场东部山上的"鞍点"。2021年3月24日。

中图 龙关镇向西北走到山底下，最接近高铁线路的村庄是赤城县的窑湾村，这是村中的"窑儿湾关帝庙"旧址，房屋早坍塌，院中有几株大榆树，树前有一石碑，光绪七年（1881）重修关帝庙时立。2021年3月20日。

下图 赤城县窑湾村"窑儿湾关帝庙"残存的一面东墙。2021年3月20日。

2.4 啕南营古戏楼

在崇礼区的西北角,汉淖坝村向北不远处 Y023 与 X001 交汇,向东北方向就是著名的草原天路入口。行不远,路边可看到"去二道边地层剖面""熔岩龙岗"之类的地质景观指示牌。目前的中国游客对普通地质景观的兴趣不是很大,如果是高耸的山峰怪石也许还会停留拍照。而这里的地层并不显眼,需要有专门兴趣和发现的眼光才会关注,不过倒是应当开发人们在这方面的认知、审美情趣。

从草原天路入口向东北行 6 千米到达"接沙坝",它位于分水岭的南侧稍低处,名字也许暗含着:北边吹来的黄沙,它能第一个感受到。从"接沙坝"一路向东南方向下行,汇入 X407 县道,经过"五十家村"和"察汗陀罗村"两处有名的地方。后者位于宽阔、平缓的河谷,一看就是风水宝地,难怪当年康熙皇帝要在这里驻跸。从大境门沿正沟北行,可以经过察汗陀罗,抵达坝顶,进入张北草原。此线路宏观上与西沟的路线平行。我特意登上察汗陀罗村西侧的一座小山,从山顶向东北方向俯瞰察汗陀罗村的风景。一个想法冒出来:这里可以建设"崇礼张库大道本土植物园"。

进村瞧了一瞧,今天(2021 年 3 月 19 日)刚贴出 4 张公告,都是关于选举的。选举委员会组成人员 9 人名单中,9 个人 9 个姓。选举日原定 4 月 1 日,现改为 4 月 13 日。村大院空空如也,各部门各屋子不见一人。院子橱窗中列出党支部和村委会主任均为武生光。2020 年 9 月 8 日贴出的告示是"察汗陀罗村集体资产处置和股权设置的实施方案"。全村集体资产股权设置基础股、集体股。其中基础股实行一人 10 股制,共计 3420 股,占比 90%;集体股 380 股,占比 10%;总计 3800 股。股权实行静态管理,一次配置永久不变,执行"生不增、死不减、入不增、出不减"政策。股权可继承、转让和馈赠,不得抵押。"村规民约"贴在砖墙上,共分 6 个部分，324字，摘引若干："国有法，村有规。守法度，不可违。人间情，如鱼水。善交友，勿虚伪。婚姻法，不可违。对妇女，莫猥亵。看好门，管好人。群防治，斗坏人。"我注意读了一下，其中"除六害"出现了两次。崇礼的每个村差不多都贴有这类"村规民约"，内容大同小异。

再往南，X047汇入X046，河道边上就是有"二张家口"称号的"啕南营村"，与"啕北营村"相邻（两村合称"陶赖庙村"）。"商路即戏路"，晋商会馆多配有戏楼，张库大道也不例外。"清康熙后，山西商旅在张家口兴建戏楼，带去山西戏剧文化，在市内和周围各县成立过不少的山西梆子戏班。在库伦经商的山西晋中人王庭相招聘内地艺人成立了梆子戏班进行演出。""山西梆子戏班曾沿着商路远达多伦、库伦、恰克图等地演出。"（侯金卓、李永福，2020：71）目前的啕南营村，繁华早已不再，唯一值得欣赏的是临街的一座漂亮的砖木结构古戏楼。戏楼建于清光绪年间，坐东朝西，飞檐高耸，造型别致，目前保存尚好。2018年2月14日，"啕南营戏楼"作为万里茶道遗存点之一，成为河北省文物保护单位，2019年12月戏楼南立起大理石碑。附近电线杆、杂物甚多，北边紧邻一个羊圈，马路对面胡同口还存有一只丢失左前腿的石狮子，狮子系用玄武岩雕刻而成。

当年，戏楼唱些什么曲儿？"塞外地形纸上录，哪是山哪是水哪是通路，一处一处都清楚。"这是《日月图》中的唱词。这里可能上演过《沙陀国》《打金枝》《蝴蝶杯》《回龙阁》《借冠子》《大登殿》《走西口》《乾坤带》《战宛城》《斩唐丹》等，但不可能是《梳妆楼》《代国情》《天漠滩》《李保国》《迎新街》。

张家口有一首小曲《盼夫归》："菊花儿开开，勒勒车来来。妈妈抱孩怀怀，爹爹挣钱揣揣。"勒勒车即老倌车，一种拉货的牛车。"走草地的人"与"走沙漠的人"不同，这里做边境贸易的拉货主力不是骆驼，而是黄牛。运输工具主要是旱板牛车，车倌称为老倌。

老倌车比普通牛车更宽、更长、更结实，车架用桦木或榆木做成。每辆老倌车由一头草原黄牛驾辕。那些"走草地"的汉子们，大概不会细致琢磨歌词传达的伤感。劳累旅途的夜晚，汉子们重点是要找点乐儿，唱什么也许不重要，关键的是大家能聚在一起，顺便接受一点儿商业伦理、社会规范、历史典故教育。

在整个河北省，古戏楼存量还是比较大的，邢台就有14座（张明，2010），太子城南部赤城县龙关镇的里口村、外口村各有一座，整体保护、修缮不佳。就建筑造型而论，嗨南营村这座戏楼非常精美，应当得到今人的善待。与其上马那些不伦不类的现代景点，不如先用些钱把祖辈传下来的优秀文化遗产保护好。想不明白的是，嗨南营村似乎不太把村中如此重要的文化遗产当回事。我看不出还有什么比这个古戏楼更能吸引外地人慕名来此。当地政府倘能把戏楼保护好，把附近的杂物清理一番，围绕戏楼琢磨乡村规划，嗨南营村便有未来，同时也算对得起历史。值得欣慰的是，这里确实在变好，4.16节再述。

从嗨南营村再往南，就到了道路与河流的一个三岔点。向西南便是大境门；沿S242向东通往西湾子镇。在乌拉哈达村西部，两条道路交叉口处的悬崖下部有"德胜盘"石刻。这是崇礼区经常被提及的一处古迹。在长1米、宽0.5米的框子中镌刻着"德胜盘"三个大字，右端竖书"光绪五年开"字样。1879年谁为了什么镌刻这三个字？并不清楚。县志中说："相传，当年此地山崖峭壁横卧于大清河畔，拦住去路。后人将山路凿开，并在石崖镌刻'德胜盘'以示纪念。"（崇礼县地方志编纂委员会编，1995：614）这个"相传"可能属无稽之谈。当地河滩宽阔，道路西北侧为高15米左右的峭壁。专家猜测当年在此依山开凿过山路，以方便商旅通行。于是"德胜盘"的"盘"字可能指"盘山路"。

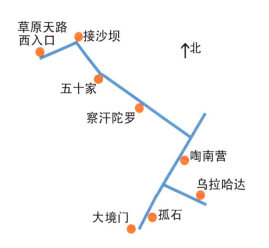

左上图 从草原天路入口到乌拉哈达村路线图。

右上图 草原天路上的一个地质景观指示牌。2021年3月19日。

下图 草原天路向南稍下坡有一村庄"接沙坝",此村距坝顶颇近,大概最先接触到北面刮来的黄沙。2021年3月19日。

左上图 从山上俯瞰崇礼区石嘴子乡察汗陀罗村。2021年3月19日。

右上图 崇礼区高家营镇啕南营村的古戏楼，砖木结构，坐东朝西。由北向南拍摄。2021年3月19日。另可参见本书开篇处由田震琼绘制的"崇礼区啕南营古戏楼"。

下图 啕南营村古戏楼内部屋顶。2021年3月19日。

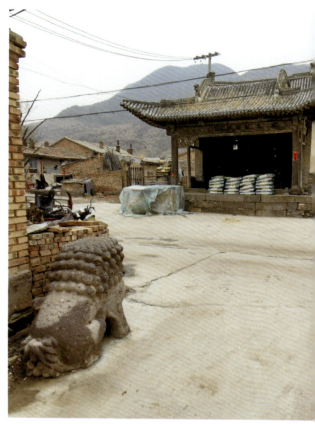

左上图 啕南营村古戏楼,此时周围已经部分得到清理。2021 年 6 月 4 日。

右上图 从西侧胡同中向东看啕南营村古戏楼,左下角为左前脚损毁的石狮子。2021 年 3 月 19 日。

下图 赤城县龙关镇"里口村"的一座戏楼(戏台),坐南朝北,据说 2020 年还特意使用过一次。此时戏台上东侧放置了一口棺材。2021 年 4 月 22 日。

上图 "德胜盘"石刻。

下图 崇礼区高家营镇乌拉哈达村西部的"德胜盘"石刻,"光绪五年开"。左侧崖壁上有黄花铁线莲和山蒿。2021年6月4日。

2.5 关帝庙中的"连环画"

啕南营古戏楼上演什么剧目,参照同期同类戏楼并结合张库商道的特点,能够猜出七八分。在白旗乡上窝铺村的关帝庙中,则可以通过墙壁上的"连环画"想象崇礼过去丰富的民间戏曲活动。此村现有104户,大部分房屋无人居住。

可能想不到,在一个名字土得掉渣,实际上也极为普通的小村庄"上窝铺村"(在崇礼区,叫"某某窝铺"的地名很多,经常成对出现),还能见到生动活泼的壁画。这些呈棋盘状排列的"关帝圣迹图"绘画一共42幅,颇像我们小时候经常阅读的"小人书",即"连环画"。

由崇礼城区向北沿S242省道行10千米,左侧(路西)一条由数株高大榆树护卫的窄路通向上窝铺村。村中有三岔口,向西行上坡,远远就能看到一株大榆树,挨着它就是著名但又很小的关帝庙。注意,是一棵又粗又高的榆树(*Ulmus pumila*),而不是像几篇论文中说的槐树(*Styphnolobium japonicum*)。实际上在崇礼区的村庄中最常见到的是榆树,槐树是极罕见的。榆树当然好认,但为了保险,等它开花结果后我还是专程来此确认了一次。毕竟说别人搞错了,自己要有十分的把握。它的确结榆钱儿,果实又多又大,尝起来也很甜。

大榆树北侧有一堵后修的墙,隔开了小小的关帝庙,使得从外面根本看不到庙的正面模样。墙面上一行红字标语很是显眼:"生产发展 生活宽裕 乡风文明 村容整洁 管理民主"。东西各有一小门可以进入,但都上着锁。除了这株大榆树外,周围没有任何其他树木。大榆树的树干先是一分为二,其中的一枝又一分为三,于是上部共有4个主要分枝。树冠的投影面积要远大于关帝庙所占土地面积。

关帝庙具"硬山式"屋顶,屋顶南坡弧线略长于北坡。现存建筑东西宽8.9米，南北进深4.9米，墙体内侧砌土坯，外侧包砖。原有的顶部漏洞和外墙开裂均已得到有效修缮。壁画分布于东西内墙上，保存完整的小画面东侧有20幅，西侧有22幅。按理说应均为横6竖4各24幅才对，但北部下角处原来供奉着马王爷和龙王爷，占据了空间，因而少画了几幅。从破损处，特别是从东侧左上角脱落掉在地面上的一块带壁画的墙皮中可以看出，墙面系用黄土和野草的泥浆抹平，这在北方农村极常见。黄泥的外部又涂了一层掺了棉花的白灰，壁画就是在此基底上绘制的。大殿（其实房屋较小，暂且这样称呼）正梁上写有修建时间"大清嘉庆八年孟秋月癸亥岁次公议穀旦""大清光绪十六年庚寅岁次公议上窝铺重修吉立"，西侧壁画左下角有"光绪十六年重修"字样，字迹已模糊。"孟秋月"即七月；"穀旦"即"谷旦"，良辰吉日的意思。1803年修建，1890年重修，起初是否有壁画不得而知。但现存的壁画到2021年已经存在131年了，画面颜色鲜艳、线条清晰、形象生动，实属不易。

每格壁画都有"榜题"，相当于标题，橙底墨字。东壁上有：《刘关张桃园三结义》《曹公奉送十美女》《关云长怒斩荀正》《云长一宅分两院》《吕文侯辕门射戟》《张世平选马赠金》《张文远土山碎说》《虎牢关三英战吕布》《怒张飞鞭打督邮》《三人引见太守宫》《关张拿刘岱王忠》《白门楼怒斩吕布》《三人安喜县上任》《北海城外斩车胄》等，也有写得不准确或不标准的，比如《刘关张大破黄金［巾］》《陶公主［恭祖］三让徐州》。另外，人物背景装饰中的"安［春］眠不觉晓"也有误写。有几幅破损严重，标题无法辨识。

西壁各幅都能辨识：从北向南、由上至下分别是《三顾诸葛出茅庐》《荥阳关怒斩王植》《沂水关内斩卞喜》（以上为北侧第一竖栏），《徐庶走马见［荐］诸葛》《黄河渡口斩秦琪》《落阳关韩福孟坦》《曹公进送赤兔马》（以上为北数第二竖栏），《徐庶定计取樊城》《云长大战夏侯淳》《东岭关力斩孔秀》《十万兵中斩颜良》（以上为北数第三竖栏），《三人在古城聚义》《卧牛山下收周仓》《云长公夜遇胡华》《土山下边斩温［文］丑》（以上为北数第四竖栏），《云长卧牛遇赵云》《古城台边斩蔡阳》《廖化献杜远之首》《云长公府库封金》（以上为北数第五竖栏），《刘关收嗣子关平》《张飞古城战云长》《关云长霸［灞］桥见别》（以上为左侧第一竖栏），左下角最后一格题字为"光绪十六年重修"。

榜题下部空间镶嵌有小图，画有鸡、鸭、小鸟、鹤、鹅、羊、猴、龙虾、蛇、猫、蟾蜍、虎、狗、鱼、花鼠、老人、小孩、石榴、佛手（芸香科）、茄子、杧果、白菜、南瓜、香瓜、柿子、桃、梨、葡萄、莴笋、鸡冠花、梅花、牵牛、木槿、凤仙花、莲花等。

关帝庙西砖墙内侧，贴着一张修缮捐款公示。截止到2016年3月1日共筹得36450元，其中省博物馆郝建文一人捐赠10000元，上窝铺村侯平亮捐3000元，钱学超捐2000元，高俊生捐2000元。到2021年3月这一公示依然完好，虽然纸张已褪色。

此关帝庙之壁画，艺术水准不低，作为物质文化遗产包含重要的美术、曲艺、博物、历史信息。第三次全国文物普查时它只被评定为一般文物（郝建文、王文丽，2015：97）。专家认为还可申请升级为县级、省级重点保护文物，以便于保护和研究。今天我们还能见到此壁画，要感谢上窝铺村百姓的保护，特别是村民钱学超先生，还要感谢张骞、郝建文、王文丽、沈伟滨、牛晓云等人的介绍（牛晓云，2016；王文丽，2016）。

崇礼区白旗乡上窝铺村关帝庙前的一株榆树。2021年3月24日。

上图 从西北角向东南观察上窝铺村关帝庙建筑,屋顶和墙壁均已得到必要的修缮。

中图 关帝庙大殿内西侧内墙上的壁画(局部)。

下图 关帝庙大殿内东侧内墙上的壁画。

上图 关帝庙"连环画"中的一格《关云长霸[灞]桥见别》。

中图 东墙壁画左上角（北侧上方）脱落于地的一小块壁画。2021年6月3日。

下图 西墙壁画中的一格《廖化献杜远之首》。2021年6月3日。

2.6 四区县交汇区的韩家窑

如果不考虑尺度大小，崇礼区的东北角有点儿像黑龙江省黑瞎子岛附近向东北伸出的一个小尖儿。崇礼区的这一地带分布着若干小村庄，其中韩家窑村算是最偏远的一个。历史上，这一带在行政归属上被划来划去，有张北、沽源、赤城、崇礼四个选项，如果算上县、区等不同后缀及县区组合（如"龙崇宣联合县"）则更多。历史上区县名总在变化，包含的"内容"有多有少。韩家窑应当算谁的？行政上与地理上并不一致，目前归在崇礼区。我一直想瞧瞧这个小村庄长什么模样，实地勘察一下理论上它归谁更合适。"理论上"在这里主要指地理地貌因素。

2021年3月25日终于成行。早晨由崇礼城区西湾子镇开车向北，34千米后到"清六营村"（海拔1670米），转向东北，沿Y095乡道从G95下面穿越。小缓坡上山，此处广阔的农田皆为黑土，与其他地方的黄土形成明显对比。黑土层厚达30—80厘米，下部是沉积黄土、砂石或基岩。放眼望去，这些良田存在一个巨大的问题：农用塑料薄膜在土地中不断积累。这是全国、全球性问题，是工业化农业带来的问题，只是不同地区程度有所不同罢了。农用塑料薄膜有白色的也有黑色的，不管什么颜色，原理差不多，就是为了让土壤增温保水以利于禾苗生长，兼具压制杂草的作用。塑料薄膜物美价廉，短期内正面效果明显，农民没有不用的道理。但是，正因为它太便宜，又不结实，没有人想着回收，只用一次，用后即扔。能扔到哪里去呢？垃圾处理公司？绝对不可能！就像一池水中滴入一滴墨水，扩散开去，想把它们收集起来，是相当困难的，没人愿意做这样的事情。如本节末的照片所示，每一年，土地上留下一批残破的塑料薄膜，下一年耕种后再铺上一层新的，几年之后，土壤中就到处是塑料薄膜碎片，混合得相当均匀。混有塑料薄膜的土壤，理化性质将发生巨大变化，不利于再生产，相当于混合了工业垃圾的农业生产资料。但土地是人类长期以来赖以生存的最基本又很特别的生产资料，工业化农业短期内便深深地改变了此项生产资料（不限于塑料薄膜这一项，还有化肥和农药的过量使用），这是不祥之兆。2021年"五一"假期首日，大风吹扬地膜引起京广线数十趟高铁停运、晚点，公众才关注了地膜这种东西。

怎么办？第一种办法是约束自己，减少塑料薄膜的使用；第二种办法是研发新型易降解的薄膜或者高强度可回收的薄膜；第三种办法是弃用塑料薄膜。第三种最彻底，但不现实。第二种在进行中，有部分进展，如华南理工大学教授瞿金平（1957—　）院士研制的高强度全回收地膜已在新疆部分使用。要紧的可能是第一种。由于土地不归耕种人自己所有，租期一过，土地好与坏似乎与自己没有任何关系，自我约束也难奏效。生活在城市里的人，通常不想这些，甚至还天真地以为农村的土地一天天在变好，但是每当我出了城看到这类现象，心绪就难平静。乡村振兴，要做的事情太多。农村缺少人才和文化，是最核心的。现行政策客观上只允许单向流动，必须改革。

Y095乡道是泥土路，路面有黑土、砂石、冰块、小水坑、积水泡子等，早春时节车走在这条路上，会剧烈颠簸，常有侧滑，转弯须特别小心，不能轻易踩刹车。这条小路是唯一能串起附近几个村庄的道路，路面仍然没有硬化，那么宣传了多年的"村村通"呢？也许这几个村偏远，有关部门还没能顾得上呢。两千米后，开始下坡，一对雉鸡凌空飞起，但马上就落下来，用手机都拍得清楚。沿东北方向持续下坡，先后经过上家窑村、李家窑村、张家窑村，再左转向北行进，过一个小桥就到了目的地韩家窑。最后的一段路，地表已不再是土路，而是多年前修的水泥路。虽很窄，但感觉好走多了。路两旁有大量蔬菜大棚，但几乎百分之九十以上没有使用，一排排弧形的钢筋龙骨立在那里。

韩家窑村海拔只有1360米，比它所属的清三营乡低225米，但属于不同的水系。韩家窑村属于白河流域，清三营属于东沟河、大清河流域。李家窑、韩家窑中的"窑"不是指烧窑，而是指窑洞，即在厚厚的沉积黄土中开辟供人居住的房屋，这与陕西延安的窑洞相似。

刚一下车，就跟李俊老先生攀谈起来。李先生1935年生，今年已经86岁，身体硬朗，着中山装，头顶黑帽，还戴着一副眼镜，像个文化人。"俊"字还是先生亲手在我的笔记本上写下的。"我一直住这里，年轻时出去瞧过。我身体很好呢，能活过一百岁！"先生很健谈，令人高兴的是，他说话我基本能听明白，这与在崇礼其他村庄的情况很不一样。因为正常情况下，是听不懂或听不清当地人说话的！我问先生："在韩家窑，是不是韩姓人家较多？这里有学校吗？"老先生回答说："姓什么的都有，比如我就姓李。村附近没有学校，娃儿都得到狮子沟那边寄宿读书，很不方便。"的确，昨天我在狮子沟乡还路过一所寄宿学校，想不到孩子要翻一座山到那边上学。李先生跟我谈起，此村原来归张北，后来想划归沽源，但被崇礼要去了。而实际上，这里按地理上的汇水盆地划分，更应当归赤城，也许最不应当划分给张北和崇礼。查几种地图，都没有直接标示出韩家窑村与赤城道路网的连接情况，似乎它们根本不相通。但是我在家查过等高线图，觉得不可思议，其间并无明显高度差，为何没有道路连接呢？来到这里才明白，都是行政区划分和软件更新延迟闹的。韩家窑村向东一点点就是著名的X403县道（南北向，连通莲花滩与云州），其间实际上有一条狭窄的水泥路连接。而且放大地图后可验证，即使到了X403道路交叉口，那里依然属于崇礼区，是崇礼区向东伸出的一个小尖角。

在韩家窑，李老先生还向我讲起革命战争年代专署的领导转移到这里，在此居住过一段时间。中共冀热察七地委机关在1947年2月至1948年12月的驻地就是韩家窑（朱阅平主编，2014：13-15）。

当时的地委书记是梁中正（1915—1983，察北军分区政治委员），副书记是苏克勤（1915—1998）、史玉林（1917—1986，还任地委组织部长），地委委员中包括柴书林（1913—1995，察北军分区副司令员）、王绍文（1954年任张家口市市长，少将）等。柴书林和王绍文还是行政专署的专员。专署办公室旧址现在还能辨识出来，房屋已经倒塌，中间长了一棵大榆树。苏克勤是河北顺平县人，参加过"百团大战"和解放张家口的战役，中华人民共和国成立后曾任中央民族学院党委书记、中国科学院少数民族语言研究所所长、中央民委委员和副主任、西北民族学院党委书记等。柴书林是张北县人，1935年考入北平大学，曾任北平学生联合会组织部长、华北学联主席，1938年到延安抗日军政大学学习，参加了"百团大战"等。中华人民共和国成立后，柴书林曾任华东军区工程兵部副主任、上海警备区副司令员等，长期从事国防工程、人防工程建设的指挥工作，是华东地区国防工程建设的开拓者之一，1964年晋升为少将。他在张北一中捐资助学，设立"柴书林教育基金"。柴书林是地主家庭出身，1946年他曾动员家里人把自家的3800亩土地捐献给贫苦农民。

我到韩家窑村北部的黄土塄上转了转，此村土壤基本上是沉积黄土，高处稀疏生长着小叶杨和榆树，村里榆树居多。许多房子年久失修，快要倒塌，当然早就无人居住。年轻人多在外打工，村中甚至贴着"为了乡村发展鼓励外出打工"的标语。年轻人出去看看、见见世面没有错，但是劳动力走了，孩子走了，乡村还剩下什么？他们何时回来？许多人可能永远不会再回来，那么乡村文化还有吗？乡村振兴，需要人、物和信息的"双向流动"。

村里的人都很和善，我遇到一家人正在从菜窖中由地下深处向上提取储存的马铃薯，女主人一个劲儿让我拿些回家吃。我问是否出售，回应说："不卖，喜欢就拿些吧。"

村里的孩子到附近赤城县的某个学校读书，可能更方便，不知道跨县就读是否允许。临行前，李老先生说要给我做饭吃："孩子，咱爷俩有缘，以后一定到我家坐坐。""一定！"上车时，我迅速在老先生中山装的右上衣兜里塞了礼物。车子发动了，村里的几位老人一直在广场上向我招手。

驾车向东来到X403县道，先向北行进，想感受一下著名的莲花滩，在金代那里就很出名。

不久，东侧出现丁庄湾路口，一高大的纪念雕塑立在东南角，雕塑内容为一骑兵抱着一面旗帜策马飞奔，基座上书"红色察哈尔党员干部学院沽源学区""沽源县党员干部红色革命教学基地"，部分字迹已经脱落。向北继续行进，开始上坝时，西侧（左侧）是高耸的"大石门"。它是指半山腰上一排岩体，在古代，行人和马队经过这里可能有某种仪式感。下车到河滩，确认从山上滚落下的石块岩性是玄武岩，大概也是汉诺坝组的。来到坝上，立即认出这地方，我来过，那时不是南北向行进，而是东西向。当时是尝试走草原天路的东段（桦皮岭到沽源），借用了一段X403。

在莲花滩转了一会儿，未发现有趣的东西，便开始向南折返。在马营乡停留拍摄长城。村北一位正在晾晒玉米的中年人跟我说起，西侧山坡上的长城两侧本来是包了砖的，从四五十年前开始，村里人不断上山拆砖，导致现在只剩下泥质长城了。不过，对此我并不全信。因为这里长城的体量非常大，不大可能把那么高的山上的砖都拆干净了，也许当初许多城段本来就是泥质的。X403县道从残破的土城中穿过。路上遇到山羊群和毛驴群，它们悠闲地通过县道。过羊坊村，左前方（东侧）很快就是优美的云州水库。找了一家饭馆吃"活鱼"，十分钟后大妈就端上一条巨大的花鲢，说是早就备好的。吃第一口，就尝出了小水泡中养殖鱼的特有土腥味，这意味着鱼是从普通市场上购得的，并非如宣传的那样来自旁边的水库。为了不伤和气，我什么也没说，吃完走人。上了年纪，人多了一份理解和没脾气。其实，进门之前已经猜到这种可能性，反正饿了，总得吃饭吧。

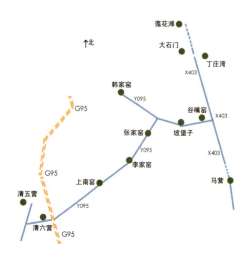

左上图 崇礼区东北角韩家窑村附近行车路线图，其中 X403 县道在赤城县。

右上图 崇礼区清三营乡"清六营村"，处于 Y095 与 G95 交叉的地方。

右中图 通往韩家窑村的 Y095 乡道下坡前，黑土地上的白色塑料薄膜。长期使用，土壤就被破坏了。

右下图 Y095 乡道旁黑土地上的另一种塑料薄膜，它是黑色的。

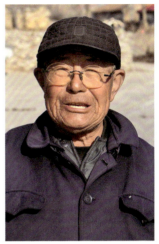

左上图 韩家窑村山坡上一所旧房子，在崇礼区这样的房子经常可以见到。

右上图 韩家窑村李俊老先生，1935年生。

左中图 韩家窑村中心广场见到的四位老人，其中左二为李俊先生。这里很贫穷，但是老人们的脸上有一种城市里难寻的欢快。

左下图 韩家窑村北侧土塄上的一只小奶牛。

上图 X043 县道上的山羊群。

下图 赤城县马营乡西侧山上的长城。据说长城外面原来包了砖,后被拆走。这种可能性有多大?

第3章

西湾旧事

> 白梅懒赋赋红梅，逞艳先迎醉眼开。
> 冻脸有痕皆是血，酸心无恨亦成灰。
>
> ——（清）曹雪芹《红楼梦》

张家口市现属内地，历史上却是真正的边疆、边塞。千百年来各方政治、军事势力在张家口这一带反复拉锯。具体而言，崇礼城区（西湾子）一会儿被 A 占据，一会儿又被 B 占据。这里是中原与漠北、农耕民族与游牧民族、汉人与少数民族、清朝与噶尔丹、国民党与共产党、中国与俄罗斯、中国与蒙古、东方与西方等多主体多层面交互影响的地带。无论何时，这里都无法做到纯化，严格讲它是多种要素组成的"边疆共同体"。

3.1《和平日报》特派记者谢蔚明

2015 年"申奥"成功后，崇礼迎来发展良机，崇礼也成了高频词。其实，在历史上还有一阵子，大约从 1946 年 12 月中旬到 1947 年 1 月中旬，"崇礼"两字屡屡出现在当时的各种媒体上，频度之高创下纪录。

按当时国民党中央社的说法，"崇礼惨案创世界杀人新纪录"。《崇礼野花》出版后，一个人神秘兮兮地向我暗示崇礼在 1946 年，即 70 年前，发生了一件大事。如今的媒体确实不曾提及，好像有什么难言之隐。我在北京大学图书馆专门查询民国报刊数据库，大致了解了点儿情况，觉得有必要稍稍讲述一下，避免一些人添油加醋、以讹传讹。

1946年12月28日9时45分，21名中外记者乘坐C-47型298号专机从南京飞向北平（今北京）。此行的目的地是崇礼，北平、张家口皆为中转地。冰天雪地，而且临近元旦，到崇礼干什么？国民党宣传机构为了丑化共产党，要通过记者的报道揭示所谓的"崇礼血案"真相。

14时20分飞机在北平南苑机场着陆。记者团乘市府专车进城，下榻怡园饭店。傍晚北平市长何思源（1896—1982）特意到旅馆与记者团会晤。第二天29日上午9时45分，专机载着记者团飞往张家口，11时10分降落。休息30分钟后，十二战区长官部秘书长王明德少将和张垣（张家口）市市长周钧少将派车来迎接。记者团分乘吉普和轿车开赴张垣。机场距市区约10千米，行约20分钟进入市区，直接到万福春酒楼下车吃午饭。记者团注意到，几道海鲜菜的做法竟然不输南方名厨。想不到在荒凉的塞上，仍可品尝南方美食。饭后到兴隆街长官部招待所休息。招待所房屋宽大，深院重门，原属伪蒙古军李守信（1892—1970）私产，一度作为日军高级顾问人员的住宅。日本投降后，共产党将领聂荣臻（1899—1992）将此作为司令部，并且在这里还招待过"军事调处执行小组"。傅作义（1895—1974）占领张垣后，也住在这里，这里被叫作十二战区长官部前进指挥所。（谢蔚明，1947）

以上是年仅30岁的特派记者谢蔚明在1947年1月5日《和平日报》第2版发表的系列报道之头篇中的部分内容，标题为"满怀沉痛到边陲：劫后崇礼行之一"。谢蔚明（1917—2008），原名谢未泯，毕业于黄埔军校第16期，参加过南京保卫战，身份是军人和报人，作为法庭记者参加了对日军战犯的审判。1940年毕业于重庆国民党中央训练团新闻研究班，后调任重庆《扫荡报》战地特派员，1949年任《文汇报》驻京办事处记者，1957年被划为右派，发配到北大荒劳动改造，持续十多年。十一届三中全会后，谢蔚明平反返沪。因原本就是文汇报人，履职新创刊的《文汇月刊》副主编，成绩显著，此刊一度发行量达10万份。《文汇月刊》由文汇报社主办。当时《大众电影》主编梅朵请缨："希望报社能办一本以文学为主并扩及其他文艺领域的综合性的刊物，要办得与众不同，名家云集。"于是由梅朵、谢蔚明、徐凤吾组成了"创刊三老"。《文汇月刊》1990年被迫停刊。谢先生1988年才被评为高级记者，想一想够讽刺的。上海知名报人郑重有一句话，说到点子上："谢蔚明具有很好的新闻敏感性。"

《和平日报》是国民党的军报，其前身就是《扫荡报》。1946年一批记者从南京到北平再到张家口，谢蔚明将各项内容交代得十分清楚，包括从飞机上可以看到的沿途风景。调侃一下，他的描述甚至可以当作环境史研究的素材。其中提及的"军事调处"是什么意思？

1946年1月10日，国民党政府代表张群和共产党代表周恩来，为监督停战协定的执行和武装部队的整编，签署《建立军事调处执行部的协议》，规定该部设委员三人，其中一人代表国民党政府，一人代表共产党，一人代表美国。由美国代表充任主席。1946年3月1日，中共中央副主席周恩来以"军调"小组中共代表的身份来到张家口，同时到来的美国代表是马歇尔（1880—1959）将军，国民党代表是张治中（1890—1969）将军。叶剑英（1897—1986）、萧克（1907—2008）也同机到达。晋察冀军区司令员聂荣臻、晋绥军区司令员贺龙（1896—1969）、张家口市市长杨春甫（1913—2011）到机场迎接，文艺界人士萧三（1896—1983）、丁玲（1904—1986）、邓拓（1912—1966）等人也到机场迎接。杨春甫，河北任丘人，1946年任冀热察区党委常委兼社会部部长、冀热察行政公署主任，中华人民共和国成立后曾担任辽宁省委书记。萧三，湖南湘乡人，著名诗人和翻译家，曾与毛泽东、蔡和森一起创建新民学会，1920年到法国勤工俭学，1922年同赵世炎、周恩来等发起组织"少年中国共产党"。在聂荣臻等人的陪同下，大家在晋察冀军区司令部下榻。下榻地点在今张家口市第六中学院内，张家口市桥东区宣化路62号。1946年6月，全面内战爆发。9月29日，蒋介石发出进攻命令，要一举攻下张垣。蒋介石派第16、第53、第94军从各路向张家口进攻。傅作义指挥4个师、1个骑兵纵队从西路经尚义向张家口扑来。聂荣臻指挥晋察冀野战军4个纵队和晋绥军区部队共19个旅，展开了张家口保卫战。10月7日张北县城失陷，张家口守军腹背受敌，主动从张家口撤出。

  回到《和平日报》记者谢蔚明的系列报道。1月6日刊出的第二篇主要写"察省现状"和"蒙汉之间"。傅作义12月29日晚6时在察哈尔大饭店举行晚宴，提及此行"正事"，只说了这样的话："在各位尚未出发崇礼视察之前，我不愿先多说话，一切只有事实可以给各位证明。免得说我宣传。"问起察省今后施政方针，傅用12字作答："安定社会秩序，改善人民生活。"

  接着便是1月8日刊出的第三篇报道，标题排错一字："劫后崇礼行"竟然印成了"劫行崇礼行"！谢蔚明继续其细致的描写："三十日一大早，记者团在周钧市长陪同之下，出发崇礼。四辆六轮卡车，分批载着我们和护送的枪兵驶出张垣北门——大境门向前进发。城门上镌刻着斗大的'大好河山'四字，叫人触目心惊——如今，大好河山都付与了内乱的烽烟！""隔一天就是三十五年（注：1946年）的除夕，在这个佳节良辰的前日，想起许多无辜者暴尸在塞外孤城，以及死者的家属的孤儿寡妇，每一个人凄然的心情就越发沉重！""张垣到崇礼路程名为九十华里，但汽车要足足地行驶三小时以上，周钧市长替我们释疑，塞外的里程跟南方不同，这边的里程叫做［作］'跑马里'，当初是跑马来作尺度的。这个九十里与南方的路程相较，加上一倍并不为多。张崇之间的公路系'急造'

完成。汽车有时涉坚冰，有时在河床乱石上，有时爬山坡，这公路并无明显的'线'迹，如果不是司机熟路，准会迷失目标。"（谢蔚明，1947）

补充说明一下，张家口大境门城门上的"大好河山"四个大字，为察哈尔都统高维岳（1875—1938）于1927年所题，可比"斗"大得多。高维岳，辽宁凌海人，东北讲武堂毕业，喜爱传统文化，奉命杀害了共产党人多松年。"大好河山"（有人把它读成"山河好大"）匾额位于城墙的北面，从城外进张家口正好面对它，一天当中阳光似乎永远照不到它。张家口市区到崇礼西湾子有多远？从大境门算起，不走高速路的话，现在的距离是50千米，即100华里，正常情况下驾车用时约1小时20分。直到2021年6月，这条路依然限速30千米/小时！① 加上有些路段常年反复修整限行，交通很不方便。那时候的马路肯定没有现在平直，估计肯定不止100华里。

"汽车从一片枯秃的小树的侧面经过，迎面而来的是一些残破而低矮的泥土民房。一阵'到了'的呼声，我这才知道已经进入崇礼城，跳下车来，举目四顾，以西是濯濯沙碛的大马群山，恢恢无声地对向着我们。劫火之后余剩不满百幢的简陋民房，留出一条行人道就是街道，唯一使人相信这是一个城市的，只有北面尖顶的教堂钟楼。这钟楼巍峨高大的雄姿睥睨全城一切，现在是屹立灰炉中，但它的傲岸的姿态，教人看了生起宗教的神圣庄严感，突然，一阵清脆的钟声和风送来，充满着恬静的空气。"（谢蔚明，1947）

在谢蔚明眼中，崇礼是一片破败、荒凉、悲伤的景象，他特意提到战役后的崇礼西湾子教堂残迹。"雄伟的建筑只剩下一具空壳，里面是一片焦木残椽和破砖烂瓦。"记者看到整齐陈列的270多具尸体，另外在一个小院中还有20多具守城部队人员的尸体，据说还有几百户的尸体已掩埋。女孤儿院收容121名女性孤儿，院长是奥籍

---

① 许多优质的高速路、省道和县道被过分限速，也许不是为了交通安全，而是为了管理方便。这是懒政的表现，是为了推卸责任。

人康修贞女士，她控诉了崇礼暴行。记者听说，附近的贞女院有修女 20 余人，已毁于劫火。事后，比利时人高乐康提及 7 位司铎（神父）中两位逃跑，一位隐藏，三位被俘，一位在孤儿院里。他说战争进行时伤亡不很多，俘获了很多军民，约 700 人。

30 日这一天，记者团凭吊两小时，此行现场采访总计也就这两小时。"我们又凄然的［地］搭乘原车告别崇礼，傍晚返回张垣。"傅作义在长官部安排了晚宴。

这是国民党为对外宣传而精心安排的一次媒体采访。同行的《新民报》记者金光群（1921—　）回忆当年的采访经过，说那是"一个骗局"，一个戏剧性"表演"（金光群，1982）。金光群 1946 年毕业于复旦大学新闻系，当时刚刚在南京《新民报》任职，只有 25 岁。金光群说当时在崇礼停留了 90 分钟。但金回忆的从南京出发日期 27 日、在崇礼采访的日期 29 日，均系误记。金说此行记者团采访，民间报纸只有《新民报》一家。后来他用"定远"笔名发表八篇通讯，第一篇就是"崇礼行"。《新民报》系中国现代民营报纸，1958 年《新民报》更名《新民晚报》，在上海继续出版。

3.2 崇礼拉锯与国民党媒体抹黑

1946 年底，崇礼全县人口 13500 人，县城人口 4000 人左右，其中四分之三以上都信奉天主教，而且信仰都很坚定。当时西湾子的主教是石德懋（Léon Jean Marie De Smedt，1881—1951），因得了伤寒而在北平就医，留在此处的只有若干神父，一位徐神父在战役中死掉。《和平日报》谢记者写道，"共军"进攻崇礼是有计划的行动。"共军"参战的部队有第五旅、第七军分区，以及由热河调来的第十三旅。

谢记者报道："但崇礼民众组成的自卫队仍继续抵抗，先是巷战，后来合部就退守教堂的主教府，抵抗共军，因为他们都是教徒，一方面是保卫家乡，另一方面有维护神圣的主教府的责任，双方对峙了很久。最后，共军纵火烧主教府，同时又烧教堂，一百多人只逃出三四十个人，其余一部份［分］活活地被烧死，一部份［分］后冒火冲出时，结果遭受共军最残酷的屠杀。战斗到当晚八时才终止。一位叫做［作］赵文修的庄稼汉，是城内八保三甲的居民，他是那天参加保卫主教府的百余人当中的一个，他很悲痛地对我叙述着那噩梦样的一幕。十二日，国军反攻崇礼，顺利地二度光复。但劫后的崇礼，到处尸身狼藉，塞外孤城，已成人间地狱了。"

想想当下西方国家炮制"新疆棉花"事件，就容易明白中华人民共和国成立前夕国民党如何造谣损害共产党的形象。

当时国民党和敌对势力损失较大，为抹黑共产党，便策划了记者团到崇礼的采访活动。

反共报纸《一四七画报》和《铁报》的报道中，出现同样的错误"崇礼县在张家口西北九十华里"，可能是采用了相同的新闻通稿所致。显然，应当是"在张家口东北"。

《铁报》有如下的描述："案件发生，是由于察北共军陈宗昆（注：冀察热军区独立七师师长），率领着二千多共军，乘国军于执行停战令时，于九日分三路进攻，当时驻在崇礼的人民自卫军，石玉山（注：系国民党绥东保安副司令）部骑兵五百余名，配合着地方人民武力，及县保安队共同防御。石部首先自南门撤退，地方人民于不得已之环境中，撤至天主教堂处据险固守，因为建筑坚固，八路无法进攻，他们遂放火纵烧，同时中共对人民的反抗，认为反共行为，他们洗劫了崇礼。每户人家，平均都有被难的人死去，最多的一家死掉十二口。崇礼这次被杀的约有千余名，被中共掳走失踪的还有七八百人。"（钰，1947）

《新闻导报》的描述："十二日该县为国军收复。在共军盘据县城三日间，屠杀了无辜的男女老幼千余人……"（佚名，1947）此导报第18页右上角配地图，此地图后被影印到国民党《共军屠杀崇礼纪实》宣传小册子的第一页，但图上由左向右排的字"人民被逼奋起自卫""共军惨杀同胞洗劫财物"及相关地名皆变成了由右向左排。其中标题为"堆积如山的尸体之一部分"的照片，也一模一样地出现在小册子的封面上。

《一四七画报》上刊出的文章与《新闻导报》上的极为相近，多出来的部分写了中共与崇礼教堂的对立"由来久矣"。G神父说："共产党口口声声说传教自由，信教也自由，可是他们嘴上说的和做的完全两样，去年共军来了，到教堂整个的［地］搜查了一次，他们的干部住在教堂，门口站上岗，不让教民们入堂，并且监视着我们；暗地里调查教民，如果有一点不合他们的脾味，就给头上加送一个'国特'或反动派，生命就立刻断送在他们手里，不但传教没有自由，信教亦没有自由。"（小峰，1947）

3.3 比利时神父高乐康的叙述

比利时籍圣母圣心会神父高乐康（François Legrand，1903—1984）事后提及，之前若干年共产党在西湾子进行土改运动，有（给劳工）加薪、斗争、均分田地、烧杀四个过程，地主、教会等很不满。

高乐康说：吉林之战，傅作义得胜，乘机进入张家口。几天之后，便抵达了西湾子。共产党军队早已撤退，双方没有发生遭遇战。但共产党军队并未走远，仍旧和国军对峙。西湾子原有守卫骑兵一千名，可是并未受过严格的军事训练。共产党放出风声，要打回西湾子，要进行报复。

"居民为安全起见，组织了自卫团，向傅作义将军请领了一百枝［支］枪，这当然更激怒了共党。"1946年12月6日起，西湾子已获得了共产党四面合围的情报。9日拂晓，他们便开始进攻。那里西部的哨兵，正在生火取暖，于是共产党不发一枪，占领了西部。战事一直延续到晚上，并不很激烈。修院的楼上，有自卫团据守着。这次战役中，修院、主教公署、图书馆都被烧毁。那里面有西文书籍一万册，中文书籍四千余册，还有蒙古文、西藏文以及珍贵的明代手抄本。(高乐康，1947a)

3.4 《文汇报》讲述的内幕

现在从图书馆中能够找到国民党报纸对崇礼事件的持续、大规模报道，但几乎找不到共产党报纸的相关报道，后者本来数量就少。但小册子《共军屠杀崇礼纪实》最后附录了一则《文汇报》的文章，借一位奥籍人士之口，阐述了不同的"事实"。报道只有两页多一点儿，摘出一段如下：

"中共退出崇礼时，徐神父得官方支持，领得枪枝〔支〕，率领教民，对撤退中的中共军队，实行袭击，中共军队及随军撤退人民，多遭枪杀。中共对参加袭击的教民，事先已有详密调查，攻入崇礼后，徐神父与教民所盘据的教堂为攻击目标之一，而对徐神父与教民的杀戮，是有原因的，而且所杀者，限于对中共有武装敌对行为的教民，对善良的平民，并未加害。"（转引自国民党行政院编，1947：80-81）

归纳起来看，有如下几点值得注意：①崇礼为当时国共拉锯之地，天主教官方站在国民党一侧。②一些教民勾结国外势力，甚至挟洋自重。③部分教民持有武器，并且倚仗教堂支持公开袭击共产党军队。如果这几点能够坐实，战斗中造成死伤，实属正常，失利后把事件描述成单方面的"大屠杀"，并无说服力。

崇礼到底发生了什么，这场战役的前因后果是什么？

1945年2月13日，中共崇礼县委、县政府在回子沟村（今四台嘴乡沟门村）成立。

1945年6月30日至7月1日，八路军里应外合，解放了崇礼县西湾子。共俘获500多人，其中有日本指挥官2人。但不久就撤走。

8月22日，再次解放西湾子。

1946年2月8日，共产党在西湾子召开群众大会，处决日伪武警队长侯焕文。7月在西湾子召开清算复仇群众大会，处决地主张可轩。

1946年10月3日（也说13日），中共崇礼县党政军机关奉命战略转移至农村，国民党绥东保安副司令石玉山率骑兵三个团，共1000余人，驻守崇礼县城。国民党县政府还组建保安队和自卫队等地方武装，共计500余人。反动地主组织也称"还乡团""伙伙队"。冀热察军区和察北分区决定对崇礼县城进行奔袭作战，启动了"崇礼之役"。

1946年12月7日，第五、第十三旅分别由龙关、赤城到崇礼，依次开进预定阵地。崇礼县大队在大队长柴义的带领下，从太子城沿山路直奔太平庄后山，迂回到西湾子东北山头后。察北骑兵团6日由独石口出发，经李家窑、清水河、狮子沟，于8日拂晓到县城西部草场沟、红旗营等地，完成对县城的包围。8日下午1时开始进攻，2时半攻入城内进行巷战。对北山主阵地进行攻击时，遭到天主教堂内的火力抵抗。9日拂晓，总攻北山敌主力阵地及城内天主教堂。这次战斗，受到晋察冀军委的嘉奖。全歼石玉山部骑兵师共1200多人，缴获各种枪支806支，子弹5万余发，马匹479匹，法币1000万元，大衣700件。击毙副司令石玉山及团长郝奇珍等人，俘930人（也说715人）。三天后共产党军队再次主动撤离。

1946年12月11日傅作义占领张垣后，15日进军崇礼，让鲁乐山任县长。国民党察哈尔省政府重建崇礼县军政机关，派35军邱子鳞组建保警队，驻扎在崇礼县城。

1947年崇礼县境内国共两军小规模战斗不断。9月王金铭任国民党崇礼县代理县长。11月中共察北地委指示，撤销崇礼县建制，将龙关部分地区、龙崇宣南部和怀来合并成立"龙宣怀联合县"，将原龙崇宣北部和龙关部分地区、崇礼合并建立了新的"龙崇宣联合县"。

1948年邱子鳞兼任崇礼县长，与天主教神父赵振民组织"守护第七连"武装，名为守护教堂，实则配合保警团作战。1948年10月1日共产党再次解放西湾子，邱子鳞自杀。11月14日，原龙崇宣联合县之龙宣地区归龙关县，其余地区归崇礼县，崇礼县委书记为华岗，县长为张德本。12月23—24日中国人民解放军在张家口大境门至崇礼朝天洼一带，全歼国民党第12战区傅作义第11兵团孙岚峰部所属的1个军、5个师和2个旅，共计54000余人，活捉105军军长袁庆荣。至此，崇礼全部解放。（垣志人，2016；崇礼县地方志编纂委员会编，1995：538）

1949年1月上旬，崇礼全县组织800余辆大车，为平津战役前线运粮65.7万千克及其他物资。3月全县完成争取和瓦解国民党散兵、特务、军政人员及土匪的工作，同月开始禁毒。5月中旬土改结束。10月1日中华人民共和国成立，10月14日，王钊任崇礼副县长。

3.5 西湾子的教堂与天主教信众

崇礼区与张家口市宣化区、桥西区等区县一样，迄今天主教都很发达，教堂与信众比较多。如今，在崇礼的乡村旅行，经常会见到或大或小的天主堂。

法国遣使会（Congregatio Missionis，缩写为 C. M.）谭卫道神父是博物学家，曾来过西湾子。我的博士生朱昱海（现为浙江工业大学教师）专门研究了谭卫道神父的博物学。只要注意了谭卫道，便会对这里的教堂、天主教多一分关注。谭卫道（Jean Pierre Armand David，1826—1900），也称谭微道、谭征德、戴维、大卫，1826年出生于法国下比利牛斯省，1862年2月20日乘"笛卡儿号"轮船前往中国，在红海换乘"日本号"。7月5日到达北京，被分配到北堂。他一边学汉语，一边了解北京周边的动植物。同年9月份即赴张家口西湾子考察（朱昱海，2015），采集到山蒿等标本（参见本书4.8节）。1866年3月经过南口、沙城、鸡鸣山、宣化，到归绥（呼和浩特）和萨拉齐（包头），10月回到北京，这算是谭卫道第一次长途考察。第二次是到长江流域与四川，第三次是到秦岭、江西与福建。谭卫道神父在中国采集标本寄回法国，当地的接收人、植物鉴定与命名者通常是弗朗歇（详见本书4.2节）。

2014—2021年我曾多次实地探访张家口各区县，看过许多教堂，还与神父交谈过。据我了解，这里的宗教活动开展得完全正常。崇礼区西湾子是天主教在中国发展史上的一个重镇，在三百多年的历史中，教会一直全权掌握在外国人手里，先是法国，随后是比利时和荷兰。据1910年的统计，曾在西湾子总堂传教的外国传教士达134名（朱承明、郭耀，1984：17）。

西湾子新主教座堂从1901年开始筹划，建于1923—1926年，它是比利时圣母圣心会（Congregatio Immaculati Cordis Mariae，缩写为C.I.C.M.）在华的最重要建筑，1946年12月9日被烧毁前，它一直是塞北最华丽的教堂。新主教座堂落成后第四年，双爱堂被拆除，但原有的哥特式钟楼（1887年增建，有比利时特色）得以保留。原址建起一所师范学校。新罗马式的西湾子新主教座堂，参照欧洲12—13世纪主教座堂形制，长63.5米，宽18米。它由四部分组成：西立面、带侧廊的中殿、十字形翼部和圣所。第一部分两边各有一高塔，在侧廊的延长线上。"第一部分，西立面进深约一个开间，主入口在主轴线上，两个高塔在侧廊的延长线上。门廊由3个拱券构成，中间高两边略低。两个钟塔内设楼梯通往顶部，塔顶的钟室窗户安装了反音板。第二部分，中殿，7开间（最后一个开间与十字形翼部共用），两翼带侧廊。南侧钟塔紧挨着一个多边形的小房间，很可能是施洗所。在北侧的第五个开间有一个矩形的小房间，功能不详。第三部分，十字形翼部及其侧廊的内部柱子、拱券与中殿的建筑构件具有相同的比例和尺度，在中央十字交汇后两翼对称延伸，并以多边形的后殿结束，用作小礼拜堂。十字形翼部的角部有小塔：北侧两座，南侧一座。南侧的小塔内部有楼梯通往二层。房间功能并不确定，可以肯定它不是一个旁听席，因为不易到达且与其它[他]部分的二层不相连，很可能用作档案收藏室。主教座堂的第四部分是圣所，由后殿、侧殿、回廊和5个放射状的礼拜堂组成。圣所比中殿的地面高出3级踏步，用以划分礼拜仪式的空间，该部分仅为神职人员所使用。"（罗薇、吕海平，2019：45）

此教堂能容纳1200人，男士在圣所左侧（北侧）就座，女士在右侧就座。1946年冬季教堂在战争中被毁，西立面两座钟塔和大部分的墙体未倒塌。

到了2010年，教会从当地政府申请了更大的一块土地重新建造教堂，形制仿照前身，但简化了许多。

中华人民共和国成立前夕崇礼县天主教徒共有5225名，遍及全县。中华人民共和国成立后，教务活动开始收敛，全县各教堂除西湾子和高家营两地教堂外，均无神父，教民也减少一些，但后来又发展起来。1951年时西湾子镇有教民566户，1819人。据1951年4月一个星期日（即主日）实际统计，早晨进堂念经的有1500名。据1964年7月调查，教民散居57个村，进堂念经的村庄16个，教民共计5337名。其中17岁以下青少年2416名，约占一半。（朱承明、郭耀，1984：34）

《中国天主教》杂志记录了一件事：西湾子乡（现在为镇）大夹道沟村是天主教友聚居村之一。1988年8月的一天，村支书刘有堂的母亲歉疚地告诉他："孩子，娘做了一件事，事前没有和你商量，我领洗入教了。"书记一听，火冒三丈，心想我家祖辈从未有信教的，我们家有党员有干部，家里人怎能信教呢，今后的工作可怎样做？于是他向上级乡党委书记反映："神父挖墙脚竟挖到我家来了，把我娘也拉进了天主教。他违反了党的政策，我要去县里告他。"乡领导也挺气愤，支持告状。事情反映到了县宗教局。县里调查的结果是，刘有堂之母早有入教的念头，于是让干女儿请神父到家里来为她领了洗。也就是说，她是自愿入教，无胁迫现象。县宗教局结合这个典型事例，广泛宣传了宗教政策。宗教信仰是公民的私事，我们国家公民有宗教信仰的自由，别人无权干涉。经说服教育，刘有堂和乡领导都想通了。（徐志安，1990：51）

3.6 "大主教"收缴西湾子教会武装

对西湾子天主教势力担忧的，包括当年的国民革命军（简称"国民军"或"国军"）。很多年前，"国军"就对西湾子天主教武装采取过行动。

要了解当年西湾子天主教的情况，还得通过一位植物学家：乐天宇（1901—1984）。不过，他虽然学农林，那时却在张家口搞革命。湖南宁远人乐天宇1921年考入北京农业大学，认识了邓中夏，开始学习马克思主义。1925年秋毕业后任中共张家口地委农委书记。1941年，延安自然科学院成立生物系，乐天宇任生物系主任兼陕甘宁边区林务局局长。1941—1943年，率师生考察边区植物资源，撰写了《陕甘宁盆地植物志》。1954年，被评为中国林业科学研究院一级研究员。他还是第四届全国政协委员、中国林学会第三届副理事长。

据乐天宇回忆，1926年4月，在直奉联军的进攻下，国民军被迫撤出天津和北京，退守南口，张家口成了国民军和中国共产党领导下各方面革命力量的大本营。为了保卫这个大本营，扫清外围势力，地委和军委会决定向北、东、西方向出击，扫清张家口外围反动势力以及可能被他们利用的武装力量。这时，西湾子的教会武装落入了被清剿的视野。

"这个村子（注：指西湾子）方圆二十多里，四周围都是山，中间是平川，山上尽是桦木林。这里当时有一座天主教堂，在北方算是很大的了，历史也很早。村民有几千人，大都是天主教徒，每人头顶一块黑布。此地已经不由中国人管了，实际成了比利时的领地。""在西湾子村，早晨教堂一打钟，村里人就集中起来去教堂做祷告，做完祷告上工。绝大多数人在这个教堂的农场里做工。不在农场做工的村民，也是教堂的佃户。这一带整个是教堂的土地。""这个教堂的武装力量由教徒组成。有足够的武器弹药。这就形成了对张家口的威胁。一旦张作霖把手伸向这里以此为内应，联合帝国主义势力，煽动西湾子教徒们配合抄我们的后路，后果将是严重的。""军委指示我到那里进行调查。我去了三天，回来后向军委作了汇报。军委决定争取国民军采取行动，拔掉这颗钉子。"（政协崇礼县委员会文史资料研究委员会编，1986：35-38）当时吉鸿昌（1895—1934）在张家口，他受宣侠父（1899—1938）的影响，倾向于进步。乐天宇和吉鸿昌也经常见面。吉鸿昌听说了西湾子的情况，赞成赶快把它拔掉。吉鸿昌建议乐天宇先找孙源，让孙源再找张之江（1882—1969）谈。为何不直接找张之江呢？因为他与冯玉祥都信仰基督教（但与西湾子的天主教不同，新旧教"不睦"），直接谈怕他不同意。孙源说服了张之江。最后张之江派了两个营的兵力，带了两挺机枪，几十支步枪，包围了西湾子，跟比利时人交涉。并未开火，教会被迫交出了武器，据说缴获的武器还很精良，教堂也贴了封条。可以说，张之江在此事上出了大力。张之江为何人？河北盐山人，东三省讲武堂毕业，曾任冯玉祥助手，西北军著名将领，军中尊称"大主教"。1924年北京政变后，张之江担任察哈尔都统。1925年春任国民军第五师师长，在察哈尔进行经济建设，负责税收、修路畜牧、垦荒等工作。5月1日加陆军上将衔。

3.7 西湾子天主教简史

搜索关于崇礼的历史文献，材料最多的便是天主教主题的。近期的文献则扩展到小学教育、矿业、蔬菜、党建和滑雪。比利时鲁汶大学档案馆、中国第一历史档案馆保存了丰富的传教士在华活动文献。故宫博物院1930年出版《天主教流传中国史料》，1932年出版《康熙与罗马使节关系文书》，中华书局2003年出版《清中前期西洋天主教在华活动档案史料》。清政府搞的"百年禁教"，时松时紧，有时说得重管得松，一些天主教传教士受了迫害，这是事实，但令人惊奇的是，天主教竟然被允许存在下来，在被禁最激烈的时期，天主教民仍达20万之众。原因很复杂，一方面是最高层有用到传教士之处，比如允许西洋人在钦天监及宫中工作，宫廷对西方科技与艺术品有实际需要，而传教士通常身怀绝技。二是禁教令在执行中经常打折扣。三是宗教纪律严明，传教士非常敬业，赢得了教民的信任，博得民众的好感。（胡忠良，2005）温习史料，能够大致了解近代中西方文化碰撞的复杂过程。而针对崇礼这一地，了解相关事件，也能管窥文化遭遇之复杂。

天主教在传播过程中，传教与乡村建设时常密切结合，对基层民众影响较大。比如大量租赁或者购买土地，吸引贫苦农民入教，解决基本身心问题。教民村设有学校、育婴堂、养老院等，提倡男女平等，反对妇女缠足和童婚，有时还教授如何耕田、兴修水利。到20世纪40年代，作为样板建设成功的边疆村落已达59个。西湾子一带也是如此。社会学家雷洁琼（1905—2011）1935年在《平绥沿线之天主教会》一文中曾说："天主教村落之聚成，多以教堂为起点，教士建堂传教，人民得其保护，附聚而来，耕田种地，愈聚愈多，遂成村落社区，故村民均是天主教徒。""教会的目的虽在传教，而其深入民间、服务人群的工作，了解人民痛苦之程度，实比社会任何机构尤为切实。惜工作偏重救济，思想属于迷信，如学校教材偏重宗教教育，学科多不合现代实用，似为缺点。唯天主教村落之组织，及得农民之信仰，与合作的方法和途径，服务平民的经验，仍极可资现今农村建设及服务人员之借镜也。"（转引自宝贵贞，2013：213-214）

具体到崇礼，这一切是从何时开始的？经历了怎样的演化过程？

1688年（康熙二十七年），法国耶稣会会士张诚（Jean-François Gerbillon，1654—1707）首先到达宣化传教，1696年随康熙帝亲征噶尔丹。

1699年，法国耶稣会会士巴多明在宣化修建第一座天主堂。巴多明1698年11月4日从广州入境，一同前来的还有马若瑟、雷孝思等，他们后来在中西科技与文化交流中都有杰出贡献。巴多明，字克安，学识渊博，不但精通拉丁语、法语、意大利语、葡萄牙语和汉语，满语也流利，康熙皇帝很是喜欢他。康熙向张诚、白晋等了解几何、植物、解剖、医科等知识，从巴多明这里了解世界各国之政治风俗，比如知道路易十四之为人。后来康熙又命巴多明把几何、天文、解剖等科之进展翻译成满文进呈，其中最有名的是翻译《人体解剖学》，译成后康熙亲自定书名为《钦定格体全录》。遗憾的是，此译本康熙本人保存一部，另外只分抄三部，并未公开出版，对中国医学未产生应有的影响，这是由清廷的局限性决定的。巴多明曾绘制《大清帝国地图》，编写《拉丁－汉语词典》（谢国桢，1981：11）。

巴多明因有语言天赋，精通多国语言，在华与宋君荣一起创办了第一所翻译培训学校：西洋学馆。1729年始设，1743年停办，学馆只教授拉丁语一门，共收弟子三批，学制5—7年，完成学业者总计20余名。巴多明也向欧洲介绍了灿烂的中华文明和中国文化。在与法国科学院院士德·梅朗的通信中，细致讨论过中国古代科学，反驳了德·梅朗的西方中心论。巴多明还就中国科技后来发展滞后给出解释。李约瑟的讨论则是在此之后。

1700年巴多明跟随康熙北上，天主教开始传入西湾子，并建起第一座小教堂，即西湾子（当时称大东沟）堂口。1724年，因朝廷不允许外国人自由传教，便由华籍耶稣会教士在西湾子传教。1726

年樊司铎以探望教友为名,来到西湾子堂口,实际上直接传教。不久,长城以南许多天主教神职人员迁居西湾子,逃避官府查禁。1768年,清政府严查天主教,没收教堂。但此时西湾子堂口反而获得空前发展。

1726年(雍正四年)法国耶稣会在西湾子修建一座教堂(张欣,2015)。1768年蒙古皇室依照喇嘛教的要求废除基督教在内蒙古的传播权,此圣堂改作佛教寺庙(罗薇、吕海平,2019:43)。

1773年(乾隆三十八年)左右遣使会进入中国,继耶稣会后一度接替了在直隶地区的传教活动。

1785年法国遣使会接管了法国耶稣会的传教任务,1829年派华人薛玛窦(1780—1860)为西湾子第一任本堂神父,同年在西湾子设正式教堂,1832年修建天主教大堂(戴建兵等,2007:220)。

1820年嘉庆帝驱逐了法国北京传教区的会长南弥德,1827年道光帝宣布查封蚕池口(注:北堂原址,在旧北京图书馆对面)天主教堂,北堂被没收。

1828年,华人遣使会士司铎薛玛窦将北京北堂图书馆部分书籍迁到西湾子(今崇礼),北京的所有天主教堂都被关闭或已经拆除。

1829年薛玛窦在西湾子重建小修院。可以说,西湾子传教区是法国北京传教区的延续(耿昇,2008:10)。

1829年多位外籍传教士被逐出北京,来到西湾子定居。1835年7月2日(也说12日),法国遣使会士、罗马天主教主教孟振生(Joseph-Martial Mouly,1807—1868,北京西什库老北堂"首善堂"就是他主持修建的)来到西湾子(耿昇,2008:10),随后建了教堂、女子学校和育婴堂,为这里成为塞北最大的天主教村奠定了基础。

1836年8月6日主显圣容节,孟振生为西湾子的一座新教堂举行了祝圣仪式。之后改建为主教座堂,名为双爱堂,一直沿用至1926年新的主教座堂落成。双爱堂呈L形,称"人字堂",诨名

"裤子教堂"，据说能容纳1000人左右。

1838年8月14日，罗马教廷将满洲里、辽东、蒙古三地教会划为一个教区——蒙古教区，西湾子被定为教区总堂，北方的第一个总堂（戴建兵等，2007：221）。

1838年（道光十八年），天主教蒙古宗座代牧区建立，总堂设在西湾子（张欣，2015：2）。

1840年，蒙古成立代牧区，法国遣使会孟振生被选为主教。1835—1840年孟振生在西湾子接待了5位法国遣使会士，1841—1860年又接待了5位。这两批会士为蒙古教区传教做了大量工作。1841年4月15日孟被任命为蒙古的宗座代牧主教。

1846年罗马教皇任命孟振生为北京教区主教，同时仍兼任蒙古教区主教，直到1856年他才卸去此任，专管北京教区。孟振生任北京教区主教不久，就在孟家坟村创办了宣化本堂，本堂神父是薛玛窦。这便是宣化教区的前身。

1860年10月，《北京条约》签订，外国传教士获得到中国内地传教的权利。

1862年，孟振生主教将宣化本堂升为总堂。

南怀义（Théophile Verbist，1823—1868）神父于1862年在布鲁塞尔创立比利时圣母圣心会。三年后的1865年，接受罗马天主教会的指派，南怀义及其同伴们来到西湾子，接替法国遣使会管理教务，负责在中国长城以北的广阔地区进行宣教。宣教区先后发展出7个辖区：热河、赤峰、西湾子、集宁、绥远、宁夏宗座代牧区和大同监牧区。这时期西湾子发展很快，作为教会附属机构的学校、印刷厂、诊所等相继出现。西湾子从一个小山村变为宗座代牧区的中心，成为长城外最繁荣的天主教村落。

1899年，在宣化服务多年的法国神父樊国梁（Pierre Marie Alphonse Favier，1837—1905）被任命为天主教北京代牧区主教，并获清政府颁发二品顶戴。

1900年崇礼天主堂印书馆在西湾子创办，中国印刷史中专门记载了这一条。

1832年至1950年西湾子天主教历任主教、副主教名单如下：

方济各（1730—1798），法国，任职1788年—不详，主教，去世于宣化。

孟振生（1807—1868），法国，任职1832—1857年，蒙古教区，主教。

孔主教（Florent Daguin，1815—1859），法国，任职1847—1859年，蒙古教区，主教。

巴耆贤（1824—1895），比利时，任职1871—1895年，蒙古教区、中蒙古教区，主教。

南怀义（1823—1868），比利时，任职1865—1868年，蒙古教区，副主教。

司牧灵（1827—1904），荷兰，任职1869—1904年，蒙古教区，副主教。

韩默理（Ferdinand Hamer，1840—1900），荷兰，任职1869—1871年，蒙古教区，副主教。被义和团杀死。

方济众（1845—1924），比利时，任职1874—1924年，中蒙古教区，主教。

季舍尔（1836—1919），比利时，任职1895—1898年，中蒙古教区，代理者。

兰克复（Everardo Ter Laak，1868—1931），荷兰，任职1914—1931年，西湾子教区，主教。

石德懋（1881—1951），比利时，任职1931—1950年，西湾子教区，主教。

3.8 清廷对传教士的态度

近代中国历史上,中国人多层面与西方接触,恩恩怨怨难以简明地说清楚。总体上看,起初中国官府小视对方,不愿意搭理,以为西洋不够开化;后来有限制地接触,彼此了解一些,也生出诸多矛盾;帝国主义势力多方侵略中华大地,官府发现根本打不过人家,割地赔款不说,局势也令一部分国人气馁、绝望,思想上来了个大转弯,从原来觉得我们什么都行,变得认为我们什么都不行。回头看,近代西方优先完成资本主义变革,步入近现代世界,中国应当主动开放门户,虚心向人家学习,增强自身的抗侵略能力。可是事情没有这么简单。清廷也并非完全不想学,只是有时放不下面子,认不清形势,加上一些偶然因素,导致整个国家错失走向富强的良机。

基督教是西方文化的一部分,有着悠久的历史,教会一直想在全世界扩展自己的影响力。但是中国人并不熟悉它,也不愿意接受它,西方传教士到中国想尽办法让皇帝、官员、百姓对其产生好感,也经常展现得傲慢无礼、唯我独尊。偶尔列强还用武力强行推广它,因而下至民间上至朝廷都一直有禁教的呼声。清廷对基督教既利用也防备。清廷禁教事出有因,不能全怪皇帝保守。

早在利玛窦那时候,就存在"礼仪问题",即是否允许教徒敬孔、祭祖,以及是否可以用"天""上帝"称呼"天主"的问题。利玛窦比较圆滑,为了传教或赢得中国人的好感,在这件事上并未较真儿。但继利玛窦之后的中国耶稣会会长龙华民(Nicolas Longobardi)却持反对态度。事情反映到罗马教皇那里,1645年英诺森十世颁令明确否定中国礼仪,但1656年亚历山大七世又颁令准行中国礼仪。到了1704年,教皇格勒孟十一世采取严厉禁令,称中国敬孔祭祖等为异端,派特使多罗来华处理。多罗1705年来到北京,起先很受礼遇。觐见时,赐座、赐酒。问此行的目的,多罗说是要禁绝中国敬孔子与敬亡人之礼，认为那是异端，不准许教士教民沾染。康熙帝不大高兴，起初还以为只是多罗受福建主教阎当（Carolus Maigrot）影响而误传了政策。康熙本人的看法是，尊孔敬祖只是表达爱先师、爱先人的一种俗礼，与宗教信仰无关。至于敬天，也不是以天即为天主。此时，康熙很天真，想了解罗马教皇的真实意思，于是派人多方打听。先后两次派四人去罗马问个究竟。准确消息传回来，罗马教宗于1715年发表了更为严厉的通谕，要求在华传教士宣誓遵守"禁条"。到了1720年，教宗派特使嘉乐（Carolus Mezzabarba）来华，仍坚持禁条，并规定不许以"天""上帝"称天主，不许祭孔、祭祖，不许入祠堂、在坟上行礼，不许在家留祖宗牌位，教徒之有功名或官职者不许入孔庙行礼，等等。还不许教堂悬挂写有"敬天"字样的匾，已悬挂的，必须摘下。禁条的后一款直接指向康熙帝。康熙帝曾亲书"敬天"二字之匾悬挂于京师天主堂。想一想，石头终于落地，与自己想象很不同，康熙帝能不愤怒吗？康熙传谕嘉乐："尔教王条约与中国道理大相悖戾，尔天主教在中国行不得，务必禁止。教既不行，在中国传教之西洋人亦属无用。除会技艺之人留用，再年老有病不能回去之人仍准存留，其余在中国传教之人，尔俱带回西洋去。且尔教王条约只可禁止尔西洋人，中国人非尔教王所可禁止。其准留之西洋人，着依尔教王条约自行修道，不许传教。"（原文见北平故宫博物院编《康熙与罗马使节关系文书影印本》，这里转引自王庆成，1997：42）西方史学家和神学家认为，罗马教廷自以为是，作出了影响深远的错误决定，这给基督教在中国的发展带来灾难性的后果。

康熙帝话说得狠，实际上做得并没有那么绝对。对于西方传教士在华传教，雍正讲得更为实在、具体。雍正说："尔等欲我中国人民尽为教友，此为尔教之要求，朕亦知之。一旦如此，则我等为如何之人，岂不成为尔等皇帝之百姓乎？教友惟认识尔等，一旦边境有事，百姓惟尔等之命是从，虽现在不必顾虑及此，然苟千万战舰来我海岸，则祸患大矣。"雍正帝发禁教令，留居在中国的传教士被圈禁于四堂之内，生活起居出行有严格限制。在"四堂"内可以保持自己的信仰和习俗，严禁外出传教。

1811年（嘉庆十六年），清政府颁布命令，严禁天主教，七苦圣母天主堂的四位神父被驱逐出境，西直门天主堂被拆除，地产被查没。

不过，雍正、乾隆、嘉庆几代，传教士中懂得天文、历算，有测量、绘画技艺者，许多人仍在朝廷供职。社会上的传教活动也并未消灭。比如1727年，教会管理的教徒仍有4000人以上。乾隆时，在湖广传教的西洋教士有10人，教徒约8000人。乾隆也看中一些身怀绝技的传教士，尽可能让他们为清廷服务，比如郎世宁等以精湛的画技为清廷服务，还设计、建造了圆明园内的西洋楼和水法。乾隆也重用葡萄牙传教士傅作霖和高慎思，令其任职于钦天监，不吝封赏。（吴伯娅，2006）

上图 张家口堡（bǔ）子里的文昌阁，始建于1618年。堡子里是张家口堡的俗称，位于张家口市桥西区。2020年11月3日。

下图 堡子里的协标署旧址，全国重点文物保护单位。康熙二十九年（1690）设张家口协副将一员，协标署是协副将在张家口堡的驻守衙门。

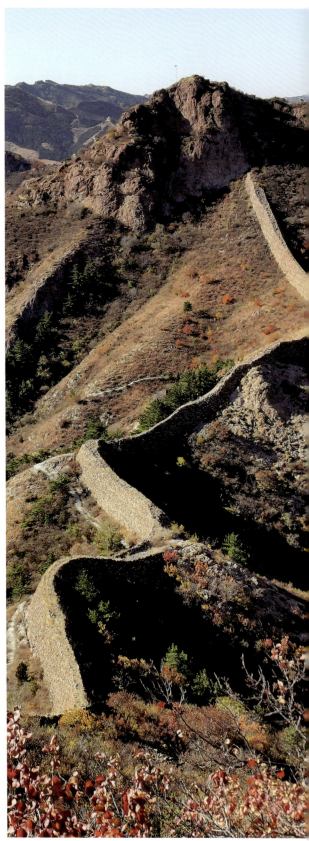

左上图 张家口大境门东侧约100米处的西境门,2007年才发掘出来。门洞高3米,骑马无法通过;宽1.62米,最多两马并行。南侧(内侧)与"来远堡"北门正对。2020年10月31日。

右图 从大境门西太平山顶上向西俯瞰看到的长城,左侧山下为张家口市区,右侧山下为当年张库古商道的西沟。2020年10月17日。

左下图 傅作义(上左)、乐天宇(上右)、聂荣臻(下左)、杨春甫(下右)。

上图 1865年时西湾子只是一个小村庄，图中间是教堂的钟楼，右前方如今是崇礼区西湾子镇的富龙小镇。图源：www.chinamissiebisschophamer.nl/Nieuw-s/.（访问日期：2021年4月5日。）

下图 西湾子主教座堂（Kathedraal van Siwantze）明信片，大约20世纪30年代发行。上图：主教座堂入口在西侧，对面是一座钟楼。下图：主教座堂内部。此主教座堂1946年冬毁于战火。

Missiën van Scheut: China. Kathedraal van Siwantze.

China De Kathedraal te Siwantze.

左上图 重新修建的西湾子天主堂，2014年大致建成。门口围墙上喷绘的图像是近70年前于1946年12月被烧毁的旧教堂。2015年12月16日。

右上图 从西侧进了院，看到的西湾子天主堂。2015年12月16日。

左下图 西湾子主教座堂平面图。此教堂1901年开始募集资金，1923年开工建设，石德懋提供图纸，姚正魁监督施工。1926年8月15日兰克复（蓝玉田）代牧为新教座堂第一次举祭，1932年4月18日石德懋神父为其举行祝圣礼。感谢深圳大学建筑与城市规划学院罗薇老师提供由她本人绘制的线图，图中颜色为本书作者后来所加。

右下图 西湾子天主堂南侧。2015年12月16日。

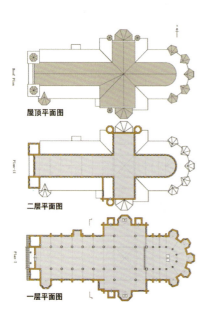

上图 四位来华传教士：法国人谭卫道（上左）、法国人孟振生（上右）、法国人樊国梁（下左）、荷兰人韩默理（下右）。

下图 位于小东梁附近半山腰的一处天主堂遗址。由翠云山奥雪小镇南侧东西向小路，向东上山可抵达。2020年10月1日。

第4章

时空草木

春阴垂野草青青，时有幽花一树明。

——（宋）苏舜钦《淮中晚泊犊头》

河北崇礼与北京延庆的野生植物连续过渡，许多种是共有的。但在崇礼，欣赏高山植物变得更加容易。一是这里没有保护区的限制，二是多数山坡相对平缓，且道路网络发达，抵达任何一处都不是特别困难。有时，将车停下，即可在路边看到一些通常需要爬山才得一见的优美植物。许多人不喜欢登山，到崇礼看植物，可省去许多麻烦。这里为安装风力发电风机、开辟滑雪场修建的诸多道路，虽对环境有一定破坏作用，却切实地方便了人们上山。

任何一地，花草可能成百上千，普通人很难全部认识。不认识，并不妨碍欣赏，但若想细致了解，不知道名字，就少了一把钥匙。

有人问，非专业人士如何辨识植物？其实是不是植物学家，是不是修过植物学课程，不重要。关键在于，你是不是真愿意了解。叶公好龙者不算。

如果你诚心诚意地说"我愿意"，那么一切就好办了。农民没学过植物学，但他们对身边的庄稼、花草、树木、野菜、野果非常熟悉，可能叫不上"学名"，可辨识清楚是没问题的。

很多人从博物的角度了解植物。博物致知（knowing）是一类亲知、个人致知、个体间可能非常不同的认知。科学家列出的具有公共性的物种检索表，可以参考，通常只在有争议时才能用到，一项一项地摆出来比对。A植物区别于B植物，不限于检索表列出的少数项目、指标，原则上有无数种细微差别。每人都可以发挥特长，用自己的方式把植物认出来。靠谱吗？很靠谱。只要认真，就能殊途同归，与科学家的鉴定完全一致。普通人不靠植物专业吃饭，也没有发表论文的压力，关心植物完全出于兴趣，愿意花费更多的时间，通过持久的观察，了解到更多的细节。物种辨识清楚了，再进一步，生态监测就有了可靠的基础。了解某一地区生态的细微变化不可能全靠职业科学家，"朝阳群众"可以有所为！

限于篇幅，也为了不吓倒初学者，本书只收录少量物种，而且草本植物优先。有人说太少了，也有人说太多了。图片尽可能印得大一点儿，便于读者对照着认识植物。"认识一种植物"该如何定义？严格讲，要在一年四季都能辨别得出，而不只是在开花时根据检索表列出的特征辨别。只要细心观察、体验，就能发现更多的差异。每个人根据自己容易掌握的特征（自己敏感的特征），就可以在不同的地区分辨出不同的植物。

看的植物多了，自然就可以把它们分成大类，然后再适当参考植物图鉴、植物志，学一点儿分类知识，进步就很快了。从1种到100种，是初级阶段，会有一些困难。认到300种时，就有能力发现植物间的许多共性，就能充分理解科、属划分的合理性。当认出1000种时，自己就有相当的判断力了，对陌生植物就可以猜测它所在的科属，能够熟练使用植物志或向专家清晰地描述其特征，甚至有可能自己准确地找到其学名。此过程，兴趣永远是重要的动力。

"学名"世界通用，非常重要。可能一开始对枯燥的学名不感兴趣，不妨视之为字母符号或数字代号。土名、地方名在实际中更重要，通过它们可以找到植物的学名，但要注意并非可以简单对应。有一定基础后，与他人讨论植物，最好附上学名，这样更便于交流。

本书写作利用了《崇礼野花》原有的基础，但文字几乎完全重写。删除、更新了一些图片，改正了若干错误，增加了地质地理、人文历史等内容，整体而言仍不出"博物"的范畴，因此取了《崇礼博物散记》的名字。一个地区的博物志可写得简略，也可以写得复杂。就崇礼而言，完全可写到 1000 页，甚至 2000 页，但那样需要作许多深入细致的田野调查、文献比对，能耐心阅读的人会变得很少。"博物志"与"县志"类似，比如民国年间的《万全县志》就很有意思[①]，但写法可以更多样、更有趣，也不必照顾全面、均衡，前者可视为后者的民间版。"地方志"一个时期只可以有一个官方本子，而"博物志"可以有多个。"博物志"也不同于民间传说汇总，讲究的是经验调查和文献证据。呼吁各地多出版些博物志，"整理过去、记录现在、展望未来"。

4.1 野外植物考察之 OODA 环

科学家到野外考察植物，一般计划周详，目的明确。业余爱好者、植物博物玩家似乎不那么"功利"或者"着急"，但也绝非毫无期待地赶上什么是什么。

美国空军上校、军事战略家博依德（John Richard Boyd, 1927—1997）就空战过程提出过一个有用的决策模型 OODA 环（OODA loop），其中四个字母分别代表 Observe（观察）、Orient（定向）、Decide（决策）和 Act（行动）。之后，OODA 环被运用到管理决策等许多领域，其实它也可以用于野外博物探究过程。

飞行员在空战中，需要提前做好准备，不是带着空白头脑上天，其观察（O）不是白板起点的"傻看"，而是有目的的搜索。一旦发现敌机，便进入第二个过程定向（O），此环节也是 OODA 四环节中最为复杂、关键的一节。Orient 原指空间定向，引申为根据自己

---

① 人文与经济部分很好，但涉及自然的部分明显不行。地方志编纂者通常在博物学、生态学、人类学方面准备不足，这会导致一系列不良后果，比如书写出的地方志缺乏重要的物种、环境史、人与自然互动信息。

的战略战术聚焦于少数核心方面，进一步主动获取所需的必要信息，同时调整自己的姿态，用工程的语言讲相当于进行要素分析、深度探测和函数加权，为下一步做好准备。第三步是根据前面获得的数据进行计算和决策，分析诸选项并作出判断。第四步即最后一步是执行、行动，比如锁定、放弃、闪避、开火、加速等。四环节不必每次从头到尾全部执行，可能在第一步之后立即反馈，也可能在第二步、第三步之后反馈，当然也可以在走过全部环节之后反馈。也就是说，可以随便停下来反馈，重新观察、重新定向、重新决策之类。对于空战，行为主体处于高度紧张和注意状态，整个过程是非常短暂的，可能加起来不过几秒、几十秒，比如40秒。当然，也可以重新遭遇，重复上述过程。

把OODA环运用到管理、数据分析时，行为主体不必很紧张，保持适当注意即可，时间可放宽，可以是几秒，也可以是几分、几小时，或者几月、几年。

当把OODA环运用到野外博物过程时，行为主体在步入某个山坡、草地、森林之前，可能要了解一下相关的自然条件、植被类型，对可能遇到的植物有个大致的期待。一旦进入指定地点，第一个O（观察）便启动。通常不会是特别紧张的观察，也不会见到什么植物都同样用心，实际上要经常选择是继续向前走还是停下来。一般会忽略、主动放弃绝大部分"无趣的"植物，即当下自己不感兴趣的植物，只注意特定的目标植物。当发现自己感兴趣的植物时，不管是否可以立即辨识，都会停下来收集信息：观察和拍摄。由第一个O（观察）过渡到第二个O（定向）可以是很自然的，表现为停下来，花一定时间提取更多信息。但究竟花多少时间和精力，变化可以很大，这与自己此行的任务、以前的知识储备、好奇心等都有关系。但是无论如何，"定向"过程包含成本核算的内容，需要瞬间权衡，既不能花费太多精力和时间，也不能一点儿不花费。野外调查有相当大的不确定性，在确认即将完成此行任务之前，不可过多地消耗精力和时间。第三阶段是在定向（O）的基础上决策（D），即对所遇到之植物制订出关键性的、消耗精力最多的行动计划，可能是记录坐标、细致拍摄、录像、采集标本等。最后是完成行动（A）。这一系列环节，可以一气呵成，比如在几十秒内完成，也可以花费5分钟到半小时。中间可以随时中止而向前反馈，即重复前一过程。

全过程执行一遍，野外调查者可能进入下一"空域"，遭遇另外的"目标"（植物），重复类似的过程。但不同于空战的是，植物通常跑不掉，当事人对遇到的某种植物可能当时用心不够（原因有多种），观察不仔细或者照片拍摄得不好，事后发现很重要，那么，在一段时间之后（可以是当天，也可以是第二天、一周后、一月后或者第二年）故地重游，找到原来的植物，再次运行OODA环。植物在一年四季当中生长发育的不同阶段，模样通常不同，博物爱好者不可能运气总那么好，恰好赶上某植物开花结果，因而"重访"是经常的事。如果经验不足，一次重访、两次重访可能都无法解决问题。需要反复训练，及时总结经验。如果植物在遥远的地方，重访一次不容易，那么决策（D）和行动（A）都非常关键，因为它们直接关系到是否需要重访及花费的多少，可能是20美元路费、住宿费加半天时间，也可能是1000美元加几天或几年，也可能永远失去相遇的机会，后悔莫及。

有人说了，保险的办法是，见到有趣的植物就一次性观察个够，提取足够信息，包括采集腊叶标本、活体标本（便于回去栽培以更好地观察、研究），甚至采集多份。但是，这显然不现实。野外考察有各种限制，植物爱好者通常不采标本（有些时候和地方也不允许）。所以，更为常见的是当事人当时意识不到某植物的重要性，事后在家整理记录、比对照片、查阅资料时发现该物种的信息不全（比如漏拍了关键分类特征，或者因光线不好照片整体质量不高），故需要重访。

有意识地反复操作上述OODA环，不断学习、总结经验，植物学水平可以提高，效率也会提高。但是，这并非一种机械过程，其中要靠技艺和机遇，开玩笑地说，甚至神秘地依赖于"人品"。

在崇礼考察豆科棘豆属植物和报春花科点地梅属植物，便是体验OODA环的好机会。

4.2 冀北翠雀花：最能代表崇礼的野花

崇礼野花甚多，哪一种最能代表崇礼？

那就是毛茛科非常美丽的冀北翠雀花（*Delphinium siwanense*），它是谭卫道神父最早采集的。此多年生草本植物非常漂亮，目前在崇礼还有少量分布。

2016年8月8日，为核实一场大雨过后施工对生态的影响，我又一次来到崇礼，顺便在几个山沟和山梁上拍摄植物。意外拍摄到了毛茛科冀北翠雀花（据《中国植物志》），也叫西湾翠雀花（据《北京植物志》）。这种翠雀非常特别，叶、花序和花均有独特之处。它是崇礼的象征，完全可以称作"崇礼翠雀"。现在此植物的模式标本保存在法国。后来我在太子城、葫芦窝铺村也见到。崇礼区有关部门应当重点保护此物种。顺便提醒公众：此物种有毒，也不容易栽活。如果你喜欢它，就在野外观赏它，让它好好生长。

前面已经提及谭卫道即大卫或戴维。谭卫道与麋鹿、大熊猫、珙（gǒng）桐、金丝猴、宝兴百合、北京忍冬、刺榆、刺果茶藨子、荫生鼠尾草、小丛红景天、毛樱桃、山杨、山桃、西北蔷薇、蒙椴、大果榆、蒙古堇菜、山蒿（本书4.8节会专门讲到此物种）、束伞亚菊（*Ajania parviflora*）的采集、命名有关，他是著名博物学家、天主教遣使会会士。

有一些植物的学名中种加词（双词命名法后面的那个词）为*davidii*或*davidiana*，即是由谭卫道采集的，此外珙桐属的属名就是

右页图 桦木科虎榛子,模式标本。法国国家自然博物馆藏。

Davidia。比如，毛茛科西南银莲花（*Anemone davidii*），由谭卫道于1869年4月采于四川穆平；桦木科虎榛子（*Ostryopsis davidiana*），1864年8月采于热河；榆科刺榆（*Hemiptelea davidii*），1863年5月采于北京附近，北京门头沟担礼隧道就能找到，张家口大境门西太平山上的路边也有。

回到冀北翠雀花。1862年谭卫道从法国来到北京后，先在北京附近采标本，后来北上到了宣化采集标本。9月份他在西湾子（崇礼）采集冀北翠雀花，寄回法国，之后由弗朗歇（Adrien René Franchet，1834—1900，通常简写为Franch.）发表。弗朗歇是法国多产的植物分类学家，查国际植物名索引（IPNI），弗朗歇共发表过2466个分类名。

崇礼可以说是此种植物的最早采集地，其学名之种加词 *siwanense* 本身就是"西湾子"的意思。FOC（《中国植物志》）将其中文名改为细须翠雀花，似乎不妥，不如就叫西湾子翠雀花或崇礼翠雀花。

冀北翠雀花这个种的描述，由弗朗歇1893年4月22日在学术会议上宣读，论文刊于《巴黎学术团公告》（*Bulletin de la Société Philomatique de Paris*）系列8第5卷第157—187页，标题是"中国翠雀属概要与描述"（Exposition Synoptique et Description des Delphinium de la Chine），此文共描述了38个种，其中有相当一部分是弗朗歇最早命名的。冀北翠雀花的特点是茎粗壮、上部多分枝，花瓣狭长并前伸。

在FOC中，此种又被细分，名称和指称也有变化，这里不提。从形态结构和命名历史看，此种与唇花翠雀花（*Delphinium cheilanthum*）也有些关联，两者的关系还有待研究，也许将来它们会合并。在植物化学方面，人们已经从中分析出6种去甲二萜生物碱（Suoming Zhang, Qingyu Ou, 1998; Suoming Zhang, *et al*. 1997），名字分别是 siwanine A-F，即"西湾碱A-F"。这类生物碱主要存在于乌头属、翠雀属、飞燕草属中，有广泛的生物活性，可用于抗炎、镇痛等。

左上图 虎榛子的果序。2018 年 6 月 24 日摄于西湾子南山。

左下图 虎榛子开裂的果实，里面是小型的坚果。2018 年 6 月 24 日摄于西湾子南山。

右上图 毛茛科西南银莲花，等模式标本。法国国家自然博物馆藏。

右下图 深秋时节的虎榛子。2020 年 10 月 1 日摄于秀水湾公园山梁。

右页图 榆科刺榆，模式标本。法国国家自然博物馆藏。

毛茛科冀北翠雀花，植株挺拔、健壮，此时距离开花还很远。2020年6月30日摄于崇礼太子城附近。

冀北翠雀花,开花植株侧视图。植株主茎一般笔直、粗壮,与翠雀形成鲜明对比。2016年8月8日摄于崇礼狮子沟附近。

左页图 冀北翠雀花,模式标本。法国国家自然博物馆藏。谭卫道神父 1862 年 9 月采于崇礼西湾子,弗朗歇鉴定并命名。比法国耶稣会神父、博物学家桑志华(Emile Licent,1876—1952)1919 年采集的同物种标本早半个世纪。

左上图 1919 年 8 月 1 日桑志华采集的冀北翠雀花标本(左)与我 2016 年 8 月 8 日采集的(右)非常相似。左右图只展示了局部。桑志华创建了北疆博物馆(天津自然博物馆前身),在中国旧石器时代考古学领域有开创性贡献。他也算是张家口市的历史文化名人,著有《桑干河草原旅行记》《华北(黄河及北直隶湾其他支流流域)十年查探记》,曾被民国政府聘任为农商部顾问,授予"金穗荣誉骑士勋位"。可参考于树香的新书《法国"进士"逐梦东方:1914—1938 年桑志华(Emile Licent)来华科考探险记》。据徐凤文的文章,桑志华外出考察都带着自制的三色旗,上书"法国进士""中国农林谘议"及一个"桑"字。"法国进士"对应其博士学位,而"中国农林谘议"一职,是其 1917 年拜访北洋政府农商部农林司时随便讨取的一个虚衔。

右上图 冀北翠雀花,俯视图。2016 年 8 月 8 日摄于崇礼狮子沟附近。

左下图 法国植物学家弗朗歇发表 *Delphinium siwanense* 时给出的拉丁文描述。这里展示的是第 162 页与第 163 页的一部分。

本页图 小半灌木状的菊科束伞亚菊。木质化的老枝、嫩叶和果序。

右页图 菊科束伞亚菊,上一年干枯的果序。

4.3 伪"蒙疆"政权下的罂粟种植

罂粟科罂粟是一种美丽的植物,小时候在农村经常可以见到住户少量种植的情况。因为用它能制造毒品,民间不允许大量种植。何谓"大量",法律法规有具体规定。再后来听说,一律不允许种。北京的几家植物园为了向观众展示此种植物,同时又避免传播,把它们栽种在铁笼里,并设置了视频监控。比较而言,国外对园艺用途的罂粟种植,管控没有我们这里严格,比如在剑桥大学植物园和牛津大学植物园中,都容易见到开放种植的罂粟。在夏威夷也容易在商店里购买到用作调味料的罂粟种子。顺便一提,罂粟籽并无毒,用其压榨的罂粟籽油是优质的食用油。

日本侵略中国时,在其伪"蒙疆"政权下,采取"渐禁"而非"全禁"政策,在察哈尔、绥远等地鼓励种植罂粟、贩卖鸦片,相当于"以毒养战"。

张家口市图书馆中保存有一部日籍人士奥野重敏等人撰写的调查报告《蒙疆罂粟鸦片的种植》,标出的出版时间为成纪七三八年七月。"成纪"指"成吉思汗纪年",这一年相当于1943年。发行所兼发行人为"蒙古自治邦政府经济部烟政盐务科",印刷人为"张家口明德南大街二二四号木田边定保",印刷厂为张家口的"星野印刷工厂"。报告封面加盖红色"极秘"印章。(金姝,2018:160)1937年,在日本关东军的主持下,成立伪察南自治政府、伪晋北自治政府和伪蒙古自治政府。又成立伪"蒙疆联合委员会"协调三者的运作。1939年,合并上述3+1机构,成立伪"蒙疆联合自治政府"。

这份报告共298页,对1939—1942年蒙疆地域罂粟种植史、栽培技术、病虫害、种植面积、征收实绩、政策实施等,进行了详细调查。据报告,罂粟栽培区包括四个区域:察南政厅(宣化、怀安、万全、龙关、赤城、阳原、涿鹿、延庆);察哈尔盟(多伦、宝源、康保、商都、尚义、崇礼、张北、化德）；晋北政厅；巴彦塔拉盟。当时崇礼县属于察哈尔盟，全县共 6 万人，种植罂粟 4.6 万亩。县内具体种植点包括从西甸子到十一号，从嗨喇庙到圪料沟、大小水泉、红旗营、石窑子，以及马丈子、太子城、棋盘梁等，几乎遍及全县，每年要上交 30 万两鸦片。全县吸毒成瘾者达 7000 人。日伪在西甸子、高家营、西湾子等村镇开设了大烟馆。蒙疆制造的烟膏中吗啡含量较高，罂粟种子最早来源于印度。伪蒙疆政府向罂粟种植者颁发许可证，并给予种植者必要的种植指导。1940 年蒙疆地域罂粟种植面积达 896000 亩，生产量为 1400 万两。日本人很清楚鸦片之毒害，因而严禁本国士兵和民众吸食，"军人军属及其他帝国臣民吸食鸦片者处死刑"，而对于中国人吸食则采取容忍政策。（金姝，2018：159–180）

4.4 "地豆豆"和四大特产

2006 年 9 月 5 日，时任外交部长的李肇星（1940—　）先生视察张家口，从张北到崇礼，路上有感而发，写了一首诗《为祖国年轻》（朱阅平主编，2011：1）。其中前半部分是：

> 皮莹草这么婉约，
> 旱芦苇这么坚挺，
> 玉米、燕麦铺天盖地，
> 祖国的塞北 ——
> 你这么年轻！

诗人外交家李肇星在这里提及四种禾本科植物，两种野生的，两种人工栽培的。玉米和燕麦大家都熟悉，那么皮莹草和旱芦苇指什么？显然用的不是正规名字。结合张北、崇礼野生植物的特点，猜测分别是巨序剪股颖（或歧序剪股颖）和芒。前者生于多水的地方，后者生于山坡。在崇礼，玉米的种植面积不如莜麦，仅一万亩左右。莜麦是燕麦属植物。在崇礼，莜麦（*Avena chinensis*）和燕麦（*A. sativa*）都有种植，李肇星的诗可能是在燕麦属的层面讨论的。顺便提及一件事：李肇星为了让儿子记住自己是庄稼人的后代，爱自己的故土，所以为他取名李禾禾（李秀江，2006：37）。李肇星曾出版一本有趣的小书《彩色的土地：肯尼亚游记》。

杨成是崇礼人，曾任泥河湾自然保护区管理处处长，后来任张家口乡土文化协会的主席。他在文章《舅舅门前那片林》中，描写过崇礼的几种可食植物（杨成，2011：242），不过用的是地方名：

地豆豆好吃不好找，
坨耙耙吃大别吃小，
酸麻麻一次吃不饱，
山枣枣吃多受不了，
毛榛榛扎手味道好。

除了第一种"地豆豆"一点影儿也没有外，其他几种多少可以猜测。坨耙耙紫红色，是悬钩子属野果牛叠肚（*Rubus crataegifolius*，也叫山楂叶悬钩子），也可以指蔷薇科东方草莓（*Fragaria orientalis*），坨耙耙也写作拖怕怕。酸麻麻表皮光亮，味酸，应当是茶藨子科东北茶藨子（*Ribes mandshuricum*）。山枣枣果皮黑色，是柿科的君迁子（*Diospyros lotus*），也叫黑枣。毛榛榛指桦木科毛榛（*Corylus mandshurica*）。这个"地豆豆"究竟是什么？作者说它是鲜红色的野果，显然不是人工栽培的茄科土豆。它可能是蔷薇科的欧李（钙果）、山荆子、某种悬钩子、野草莓？还无法确认。《崇礼文史》第三辑中"崇礼特产扫描"一文在水果而非蔬菜项目中列出了"地豆"（朱阅平主编，2011：131）。这个地豆豆到底是什么？

请杨虚杰帮忙，通过《张家口日报》和张家口科协，找到了杨成先生的电话。2021年3月1日，终于与杨先生通了电话。不到一分钟解决问题！我问："地豆豆是木本的还是草本？是不是欧李？"杨回答："是草本，长在树林里。不是欧李。"话不多，但信息量非常大，排除了许多，也正面肯定了一些。我吃过这种小果子，每株上结得不多。我猜测："那么是蔷薇科 *Rubus* 属的石生悬钩子！"发了图片，得到杨先生的确认。这就是地豆豆？让我再体会一下这名字！

为何关心这种对应关系？地方性知识很重要，是当地人数百年来积累起来的财富。学者多数不关心这个，导致地方性知识失传：当地百姓说的东西，外地人不知道指称什么。把它们与通用名对应起来（不是简单的同级一一对应），知识体系就打通了。比如，现在再遇到"地豆豆"，眼前就浮现出石生悬钩子的形象，而不是一头雾水或不懂装懂。那么，为何不直接用植物志上的标准名甚至学名？崇礼县志用的是地方名，进一步的话宜列出学名，同时保留本地名（土名、俗名）。收录当地的土名，博物学家洛克其实早就这样做了，应当向洛克学习，但只有土名不行。

与华北其他地区类似，崇礼的野生植物第一大科是菊科，其次是豆科、禾本科、蔷薇科、毛茛科、唇形科等。最难分类的是禾本科各种野草，约60种。据《崇礼县志》，崇礼有野生植物553种，其实远不止这些种。

崇礼传统农作物主要有莜麦、粟（谷子）、稷（黍子/糜子/大黄米）、亚麻（胡麻）、向日葵（葵花籽）、蚕豆（这里称"大豆"）、豌豆、大豆（包括黄豆和黑豆）、马铃薯、芸豆（只吃种子的那种豆角，相当于"土墩儿豆角"，不用为植株搭架）、荞麦。按《崇礼县志》，"四大特产"是禾本科莜麦、茄科马铃薯（土豆、山药蛋）、豆科蚕豆、亚麻科亚麻。

作物的生长与物候关系密切。莜麦一般5月上旬播种，9月上旬成熟。马铃薯一般是 5 月上旬播种，7 月中旬到 8 月中旬开花，9 月中下旬收获。亚麻每年 5 月上中旬播种，7 月中下旬开花，9 月上中旬成熟，年播种量可达数万亩。1963 年全县播种莜麦 18.4 万亩，平常年份 10 万亩左右。莜麦一般做莜面卷上锅蒸，蘸调料吃。调料中最好加张家口一带出产的一种蘑菇"口蘑"，味道鲜美。这里出产的马铃薯，淀粉含量高，吃起来起沙。蚕豆在明末清初即开始种植，这里长期形成了一个品种"崇礼蚕豆"，粒大皮薄光亮，年播种量可达数万亩。我观察过多年，结实率并不高。

外地人可能对亚麻（胡麻）比较陌生，我讲一个令人痛心的故事后，保证大家记忆深刻。2021 年 1 月我的老家吉林通化发生新冠病毒超级传播事件，一位林姓人通过面对面讲座，向老年人推销保健品，导致 141 人感染。他推销的保健品便是亚麻籽油！那么，亚麻籽油到底有没有保健作用呢？我能告诉大家的是，它可以食用，喜欢的人可以讲出许多"科学道理"，但无论如何，它只是一种食用油罢了，不必迷信。平时经常吃大豆油、花生油、葵花籽油、橄榄油，偶尔换着吃亚麻籽油，未尝不可，每种油都有自身的特点。莜麦和亚麻喜欢生长在相对寒冷的地区，因而算是崇礼一带的特色作物，就像穇（cǎn）子（*Eleusine coracana*，也叫鸡爪谷）和青稞是西藏的特色植物一般。

崇礼出产的蔬菜有：甘蓝（圆白菜/卷心菜/疙瘩白/大头菜）、芥菜（雪里蕻）、白菜（长白菜/大白菜）、胡萝卜、南瓜（看瓜）、蔓菁、韭菜、大葱、白萝卜、甜菜、辣椒、芫荽（香菜）、莴苣、菠菜、西红柿、洋葱（葱头）、青椒、豆角（架豆角，要为其茎搭架，嫩豆荚作为蔬菜食用，类似东北产的油豆角）、蒜、茴香、西葫芦、心里美萝卜、菜花（白菜花和绿菜花）。其中种植面积最大的是甘蓝，主要供应北京市场。

崇礼出产的水果有：西瓜、香瓜、山梨、桃、苹果、李子、海棠果、槟子（苹果属的一个杂交种）、葡萄、酸梅。近些年，栽种了许多八棱海棠（*Malus × robusta*，也称怀来海棠），果实较小，既可观赏也可食用。位于张家口市区的全国重点文物保护单位"察哈尔都统署"大院内，有一株树龄较大的八棱海棠。

其他经济作物：大麻科大麻（白麻）、无患子科文冠果、茄科烟草（烟叶）、杏仁（大杏扁）、核桃、杜鹃花科蓝莓（新引进的越橘属水果）。大麻在北京、河北，包括崇礼区，多有逸生，在户外很容易见到，不足为怪。它与可制作毒品的大麻不是一回事，有关部门几次闹出笑话，把基本无危害（也含毒品成分，但含量较低）的逸生的用于生产纤维和油料的大麻（*Cannabis sativa* ssp. *sativa*，也称"火麻""线麻"）当成了人为栽种的毒品大麻（*C. sativa* subsp. *indica*），兴师动众加以铲除、邀功。前者的麻籽炒食非常香。小时候在东北农村经常见到沤麻坑。如今张家口赤城县有一个地名"沃麻坑村"，在G112转汤泉路（汤沟方向）的路口处，估计其原名为"沤麻坑村"，记得早年开车经过那里时就写着沤麻坑。我还真找到了相关证据："在崇礼岛弧型绿岩带与怀安古陆块之间，从怀安大虎沟，经宣化大东沟至赤城沤麻坑发育一条大体呈东西走向并向南倾斜的板状高压麻粒岩带。"（王仁民、董卫东，1999）诺贝尔文学奖得主希尼（Seamus Heaney）的诗歌《博物学家之死》中说的沤麻坑，涉及的是亚麻而不是大麻。无患子科的文冠果，在崇礼称"木瓜"，原来野外很多，现已变少。主要用其种子榨油，高家营乡的水晶屯和西黄土窑两个村曾栽种千余亩。

崇礼出产的野菜，文献记录的主要有石竹科蝇子草属植物麦瓶草（这里普遍称"面条菜"）、菊科长裂苦苣菜（*Sonchus brachyotus*，也叫曲麻菜）、蒌蒿、兴安升麻（苦里牙/苦龙芽）、蒲公英等。长裂苦苣菜明明很苦，这里却称"甜苣菜"。与长裂苦苣菜叶形相似、味道更苦的野菜是乳苣（*Lactuca tatarica*），区分两者最稳妥的办法是看花：长裂苦苣菜花黄色，乳苣的花蓝紫色。不过，这也是最

"低级"的区分办法,民间高手在它们不开花时也能区分开来,绝对不会出错。

适合栽种的药材为桔梗科党参、豆科蒙古黄芪(黄耆)、豆科甘草、唇形科黄芩、芍药科芍药、十字花科菘蓝(一般称"板蓝根"),种植面积不稳定。野生药用植物种类非常多。20世纪70年代初调查,有中草药215种。现在为了保护生态,不建议私自采挖。

人工栽培的牧草主要有羊草、老芒麦(*Elymus sibiricus*,也称"老其麦")、紫花苜蓿等。

最后,引用半首崇礼方言版《钗头凤》:"疙瘩白,老看瓜。紫花苜蓿猪拱了。贴合饼,拌疙瘩。荞面烙,香出哈喇。哈哈哈!"(朱阅平主编,2011:247)这段引用里有甘蓝、南瓜、白菜、荞麦,能对应上吧?

左图 崇礼人说的"地豆豆",即蔷薇科石生悬钩子。画面中还有毛茛科长瓣铁线莲。

右图 崇礼生长的亚麻科亚麻。亚麻的高度略低于莜麦,两者经常挨着种。

上图 炒熟的亚麻籽，可以直接食用，更可以榨油。

左下图 用拖拉机收获的茄科马铃薯，也叫土豆、洋芋，《中国植物志》称阳芋。昼夜温差较大的地带生长的土豆比较好吃。

右下图 接近成熟的禾本科莜麦。

左上图 晾晒在马路上的莜麦粒。

右上图 菊科向日葵的花盘,种子(葵花籽)接近成熟。

下图 伞形科胡萝卜。

左上图 大麻科大麻，雄株。在崇礼很常见，它不是毒品，不必大惊小怪。2019年7月24日摄于驿马图乡霍素太村X406道路边。

右上图 菊科著名野菜长裂苦苣菜，东北人称它"曲麻菜"。

左下图 菊科野菜萎蒿，上面有一只园蛛科尖蛛属（*Aculepeira*）蜘蛛。

右下图 野菜萎蒿。嫩茎尖和嫩叶均可食用。

4.5 大境门登高

张家口的"大境门"远近闻名,我却等了好多年才抵近观赏。大凡名气太大的,都不宜急着凑热闹。机会多多,早一天、晚几年都无所谓。直到 2020 年 10 月 17 日,我才靠近大境门,在门洞下由北向南观看"大好河山"四个大字。

没修 G95 高速时,从张家口市进入崇礼区,必须经过大境门,几百年来都是如此,只是那时崇礼还叫"西湾子"。有了高速路,开车直接从张家口市区东侧钻山洞可达崇礼,路程省了不少,大境门的重要性也一落千丈(对崇礼而言)。大境门一带目前位于崇礼区的西南角之外,并不属于崇礼区而属于桥西区,但登上这里的长城,能够向东北方向远望崇礼区的西南边界。

下午 1 时,走近大境门的门洞,东转登上宽阔的城墙。向西沿古长城爬上属于阴山余脉的西太平山。在局部高点向东侧河谷望去,还有一点儿绿意,那是大清河边栽种的杨树,东太平山的阴坡也还点缀着发绿的侧柏。除此之外,秋日的大地尽显苍凉。天空倒是瓦蓝瓦蓝的,无一丝云。

脚下的登山步道随长城而延伸,曲曲折折,一路向西升高。沿途大量分布着两种榆科植物,仅个别植株还保有变了色的秋叶。初步判断它们是旱榆(*Ulmus glaucescens*)和黑榆(*U. davidiana*)。短尾铁线莲偶尔挂在榆树枝上,二回三出复叶带着点残绿,顶端则是一团一团的果实,宿存花柱白得像鸭或鹅的绒毛,不知用它填充羽绒服可否。很快就到了一个不难看的六角亭:揽胜亭。"揽胜亭"三个大字很有力道,可惜作者题名我没认出来。继续上山,两点多钟到达最高点,此处放置了一块很丑陋的人造假石,大约有 3 米多高,上书"好汉石"。全国各地景点都充斥着这类费钱且破坏风景的玩意儿。创作者的动机肯定是好的,只是其审美成问题。让人懂美丑比让人由穷变富,要难得多,可能需要修炼几代人。

这附近有几丛高度不足 2.5 米的卫矛属白杜及大量的蔷薇属黄刺玫，前者不好说是否为野生，后者则肯定是。崇礼南部荒坡上，黄刺玫是优势种。多年前我第一次在野外见识它时，十分吃惊，校园和公园中十分精致的黄刺玫，在北国的野地里竟然满山遍野都是。而且园艺种与野生种并无大的差别，只不过从野外挪到了城市。让我同样吃惊的还有翠菊这种美丽的草本植物，来北京前误以为它是人类不知费了多少劲儿才驯化出来的宝贝，实际上北京北部山坡上，河北的更多山坡上，到了秋季几乎随处可见。当然，园艺翠菊中，颜色多了起来，可是此类植物的基本风貌没有变化，人的作为极有限。类似的体验还涉及蔷薇科榆叶梅和忍冬科锦带花（*Weigela florida*），园艺师确实培育出了重瓣品种和"红王子"，但它们是否好看则因人而异。我个人的观点是，看得久了、多了，经多角度对比，一定会觉得野生的才最好。因为最自然，所以最好。自然就好吗？循环定义，没法令所有人信服，最终要看人的自然观、世界观。

此时的黄刺玫，毫无观赏性，要等到春季，才是其展露才艺的时机。

这深秋的时节，菊科的漏芦（*Rhaponticum uniflorum*）再次耀眼，这次不是那一枝冲天的花头，而是其火红的羽状全裂或深裂的基生叶，在黄褐色的砂石、角砾映衬下有着无法言说的自然美。但是，也只是在野外，特别是在干旱的山坡上，才有这种可能性，如果把它栽到花园，其叶是不可能展现这般美丽的。温度差一点儿，都不会成就其叶子的样子。现在一切刚刚好。秋天草木叶子的颜色，是内外因共同作用的结果。从哲学上讲，这几乎是废话。什么东西不是呢？但是通常人们只看内因，以为有了"好种"，奇迹自然呈现。其实，事物与其环境总是关联的，当成就其辉煌的环境支持因素缺乏、它无法独自"现美"（嘚瑟）时，人们才会意识到一直沉浸于其中的共同体。加拿大的枫树以及中国东北的若干槭属植物，即使大片栽种于北京，其秋叶也不会很好看，没等变红变黄就干枯而掉落了，因为这里的空气湿度不够，这不是谁花点钱用点力就能调整的。西太平山顶部山脊上最特别的植物还是菊科的山蒿（参见本书4.8节）。

4.6 列当科疗齿草

在APG系统下，原来的玄参科发生了很大变化。其中通泉草属（*Mazus*）独立出来，单列为通泉草科。而马先蒿属、小米草属、阴行草属、地黄属、松蒿属、山罗花属、疗齿草属等都进了列当科。列当科成员一下子增加了许多。

疗齿草属的，我竟然一个种也没有在野外看到过。直到有一天带新华社的人到崇礼东南角拍野花视频，才得以相见。

2019年7月23—24日来到崇礼，在塞北滑雪场旧址、喜鹊梁、多乐美地、草原天路、驿马图等地看过处于盛花期的高乌头、翠雀、瞿麦、细叶沙参、蓝花棘豆、金莲花、毛建草、黄芩、乳苣、香青兰、紫斑风铃草和灌木铁线莲。在去崇礼的高速服务区多次见到可怕的茄科入侵种黄花刺茄（*Solanum rostratum*）。

不到一个月，8月19日，新华社新媒体部门邀请我再到崇礼，说是要我介绍那里的野花。本来不想去，考虑到可借机会谈谈入侵的黄花刺茄，以引起有关部门的注意，也就答应了。我们分别驾车，在官厅水库边上的休息区碰头。恰好那里就有黄花刺茄，这些入侵种很容易随货车和外地人流来到这里。外来的未必都是有害的，但对外来的一定要敏感。我傻傻地向他们介绍黄花刺茄的前世今生，还冒着被尖刺扎到的风险，拔出一株，平展放在水泥地上，让人们拍摄、细致观察其花。它的花颇像茄子的花，结构相似，只是颜色不同；而叶与西红柿叶有几分相似，但也布满了刺。这三种都是茄科植物。不过，我发现新华社的朋友对此并不感兴趣，他们有他们的任务，于是我知趣地结束了唠叨。

车队在张家口"五一路出口"下高速，然后沿 Y206 向东行驶。不一会儿，又见到荒地里到处都是入侵的黄花刺茄，把地表盖得严严实实。我忍不住叫停车队，希望他们拍摄一下相关视频。这回人家干脆没给我面子，说时间紧，做正事要紧。既然答应人家来崇礼，就别再废话，启动车子继续赶路吧。继续向东，过四台嘴乡，走小路再向东，过桦林子村，又行几千米，来到一个开阔的山冈上。中途车队中一辆小车被大石头卡住，耽误了一点儿时间不提。

山冈周围原为梯田，现已退耕还草。看得出来，田埂还在，但地里已经是自然生长的野草了，与附近原生野草种类和形态差别不很大，这表明退耕还草效果不错。草坡面积很大，有几十平方千米。黏毛黄芩、芹叶铁线莲、花锚、秦艽、华北乌头、额河千里光、蓝刺头、烟管蓟、翠菊、牛扁、穗花马先蒿、风毛菊、山牛蒡、紫菀、石防风、返顾马先蒿、紫苞雪莲、绒背蓟等，鲜花遍地。尤其是后两者，在这里非常多。梅花草属植物也有许多。梅花草属本来分在虎耳草科，有人把它调到茅膏菜科、金莲木科、卫矛科或单列为梅花草科，许多人觉得不习惯。分子证据显示，把它放在卫矛科或许更合理。

大约用了一小时，介绍草地上生长的野花约 20 种，录播任务完成。从中剪出半小时，素材估计够了。收场的画面是无人机升起，渐渐拉远。

这里的植物大部分我都熟悉，讲时不用特意准备。有没有不熟悉的？当然会有，但你知道，我会巧妙地避开。不用采取网上夸张的说法：把它们踩在脚底下。其实若讲细了，听众也记不住，讲了也白讲，还是挑选特征明显的说比较合适。对着镜头唠叨时，我突然发现一种叶接近对生、花暗红的玄参科（后来调到列当科了，如前所述）小草，以前没有见过，状若阴行草，隐在深深的草丛下部。我猜测是疗齿草，但怕讲错了，误导公众，就忽略过去没提。但我仔细拍摄了照片。回家后查书，果然就是疗齿草（*Odontites vulgaris*）。

主要特征为：植株被倒生的白色细硬毛。茎上部分枝，叶无柄，叶边缘疏生锯齿。穗状花序顶生。花萼裂片狭三角形；花冠紫红色，外被白色柔毛。这也算此行我的意外收获。《崇礼野花》没有收这种植物，是因为当时我还没有实际看到。

新华社的朋友完成自己的任务，直接回京了。我则从桦林子村向北，上山到喜鹊梁继续闲逛，在塞北滑雪场旧址吃了刚变黑的稠李果实。在西湾子住一晚，第二天阴冷，顶着小雨到狮子沟检查冀北翠雀花生长状况。非常遗憾，数量明显减少，找了半天，才找到三四株，附近散放的牲口快把林缘的野草踏平了。这里本来是禁牧区，但总是有人偷着放牧。

疗齿草喜欢潮湿的地方，长在干旱草坡上的不多，也可以说这里环境在变好，地表蓄水能力增强了。自这次看到疗齿草，后来再到崇礼、沽源、多伦，就不断地看到疗齿草。这是普遍现象，某物寻它多年也不得见，见到一次，则很容易见到第二次第三次以及第N次。如何解释呢？没什么秘密，从科学哲学上讲，眼睛看到什么，并不全由眼睛说了算，要与脑子配合才算真的看到。脑子一旦装入某种信号，就会提醒自己在以后的观察中留意、识别相似的信号。

有人一定会问，为何叫疗齿草？我不知道，也不关心。"那么，它真的能治疗牙痛，或牙周病？"你试着嚼一点儿尝尝，死不了人。估计没什么用。要看病，到医院找医生，别自己瞎琢磨。

也许是我的执着给新华社的朋友留下了一点儿印象，他们真的开始关注入侵种了。2020年9月3日，他们邀我做一期北京入侵植物的专题，让我选地点。我考虑了一下，认为选永定河门头沟担礼村一段比较合适，那里既有北京明星物种槭叶铁线莲，也有臭名昭著的三裂叶豚草和火炬树。现场讲述中，我顺便批评了一下所谓的环境整治。整治后，表面上美观了，实际上破坏了生物多样性，也为外来物种的入侵创造了条件。当年延庆的优美本土物种睡菜，就是这么被折腾得走向灭绝的。在首都北京，睡菜这般濒危物种，学者反而不在乎。而同期，在其不远处，人们愿意花数亿元举办国际园艺博览会。不知后期剪辑是否删除了那一段。

恰巧赶上地摊出售京白梨，买了之后很后悔，徒有虚名。京郊路边的樱桃、桃、杏、红薯、枣等，最好不要买。俗话说"上赶着不是买卖"。路边的土特产，按理说应当便宜才对，因为省略了中间流通环节，实际上比超市的还贵。民风改变前，不是这样。以为某类人一直纯朴、善良，更是没有道理。有一次我带学生在北京怀柔春游，从山上返回停车点时，突然被拦住，要求每人交20元过路费。明明是公共道路，凭什么收钱？学生们火了，双方有要动手的架势。如果是我一个人，也不会忍气吞声的。但是为了学生安全，和为贵，我讨价还价，一共给了50元息事走人。

左上图 茄科入侵种黄花刺茄。

左下图 菊科琥珀千里光。

右图 伞形科石防风。

左页图 毛茛科芹叶铁线莲的果序。瘦果扁平，宿存花柱长 2 厘米以上，密被白色柔毛。2020 年 10 月 31 日。

本页图 恶性入侵物种黄花刺茄的果实，密被尖刺。2020 年 10 月 31 日摄于东窑子镇与二道边村之间的小路边。

左页图 列当科（原玄参科）疗齿草。

左上图 列当科疗齿草。注意全株上倒生的白色硬毛。

左下图 菊科绒背蓟。

右下图 卫矛科（原虎耳草科）梅花草属植物。

4.7 粗根鸢尾与脬囊草

2018年5月7日,到北京门头沟看槭叶铁线莲的种子长到了什么程度,10日,到北京延庆玉渡山核实那种"短柄樱桃"(可能是新种,也可能不是)。12日一大早就赶到崇礼喜鹊梁一带。很幸运,报春花科箭报春,豆科多叶棘豆(*Oxytropis myriophylla*),鸢尾科粗根鸢尾(*Iris tigridia*)、囊花鸢尾(*I. ventricosa*)、紫苞鸢尾(*I. ruthenica*)都在开花。后三者经常紧挨着生长,其间可能存在着杂交。报春花科胭脂花则刚从基生叶中长出花葶,还未来得及向上升起,有极个别开了花。除多叶棘豆外其他植物数量都很多,但箭报春对生长环境略挑剔,更喜欢湿润的地方,它也更容易受损害。几种鸢尾属植物遍地都是,生存无虞。毛茛科细叶白头翁(*Pulsatilla turczaninovii*)春芳落尽,细碎的叶片半卷着,还没有完全伸展开来。因为紫色的萼片已经掉落,植株在山坡上并不显眼,只有走近了才能看见。细叶白头翁数量很大,但要恰好赶上花期,也不大容易。此时木本植物开花的较少,偶尔见到几株红丁香和稠李,中国黄花柳早已开过。

粗根鸢尾是此行关注的重点,其花的颜色变化多端,从蓝白、粉蓝到紫红色都有,外花被片上的斑纹主要由蓝白紫三色混合而成。对崇礼来说,现在还是早春,芫菁科大斑芫菁(*Mylabris phalerata*)已在粗根鸢尾的花上大快朵颐了。半夏告诉我,这种鞘翅目昆虫喜欢啃豆科植物的花,旋花科、龙胆科、锦葵科植物的花也吃。大斑芫菁也叫斑蝥,体内含斑蝥素。在野外,不要让大斑芫菁的体毛碰到细嫩的皮肤,它能引起皮肤过敏,起水泡。斑蝥素是一种天然活性物质,在临床医学上有重要应用,有抗肿瘤、蚀死肌、发泡、利尿等作用。也正因为如此,这一昆虫资源日益减少,可持续利用受到影响。对于人工养殖的种类,现在已经发明了"活体取毒器",用2伏特的刺激电压作用2秒,每天取毒一次。斑蝥素及其衍生物(如去甲斑蝥素和斑蝥素钠)抗癌的机理是,削弱肿瘤细胞线粒体的能量途径（周游，2002）。

为了验证其名字中的"粗根"，确认生态不会受任何影响后，还是挖出一株瞧了一瞧，须根肉质，根其实并不怎么粗，直径不到5毫米。之后，把它原地埋上并压实，估计不会影响生长。

下了山，转移到太舞滑雪场西部的山坡看花。百合科白色的三花顶冰花比较多，而黄色的小顶冰花（*Gagea terraccianoana*）比较少。太舞小镇附近的河沟石滩上，茄科天仙子非常多，基生叶十分壮实。

崇礼塞北、多乐美地、太舞等滑雪场附近的白桦林下，以及北京延庆的许多山沟，都广泛分布着一种不起眼的伞形科植物辽藁本（*Ligusticum jeholense*）。这种植物描述起来很费劲，要教他人识别它，最好的办法还是最古老的办法：什么也别说，在野外现场指认几次！当然，有心人会自己总结出辨识特征，无心人还是记不住。"藁"字读音为gǎo。种加词*jeholense*的含义为"热河的"，中国有不少植物的学名中包含类似字样，如口外糙苏、热河碱茅、雾灵柴胡、热河乌头等。不过，中文名带"热河"字样的植物，其学名却可能不包含*jeholense*，如热河黄精、热河杨。辽藁本喜欢生长在湿润的地方，特别是小溪边。它的根为肉质，呈盘状向外辐射生长，有一种特别的香味。《中国植物志》列出其药用价值为"散风寒燥湿，治风寒头痛、寒湿腹痛、泄泻，外用治疥癣、神经性皮炎等皮肤病"。我曾尝试把它的根当作香料，炖肉时放一点儿。其实，伞形科许多植物都可以作香料，但有的人天生不喜欢某些调味料，比如芫荽（香菜）、孜然芹、茴香。此时辽藁本刚长出小苗，分类特征不明显，有多年经验的人一眼就能认出，到了八九月份则相对好辨识。

在西湾子住一晚，5月13日从城区到东部一个山沟看花。山上温度低些，还有个别细叶白头翁在开花，并不美观；棱子芹和唐松草刚长出嫩苗；稠李和（单瓣的）榆叶梅一白一红在山坡上格外抢眼。茄科多年生植物脬囊草（*Physochlaina physaloides*）非常多，有的刚开花，多数则已经结出果实，果实并不圆润，不是规则的球形或椭圆球形，叶子多少有点儿像同科的曼陀罗。脬囊草在蒙药中多有使用，如"混好日素（也写作'苏'）"，有消炎镇痛的作用。此植物有大毒，有一种炮制工艺是用牛奶浸泡，可降低毒性（云彩鳞等，2008）。在潮湿的山沟顶部，找到少量五福花科五福花（*Adoxa moschatellina*），在华北这种植物多少还算个宝贝，但在东北满山坡都是。

山谷中传来悦耳的鸟鸣声，随即看到一只漂亮的红色小鸟在岩壁间飞来飞去，细看是长尾山椒鸟（*Pericrocotus ethologus*）的雄鸟。这种鸟的分布地似乎有向北扩展的趋势，一般4—9月在北方的林间生活一段时间。近些年陕西、山西、河北、内蒙古都时常观察到这种鸟（刘焕金等，1989；梁晨霞等，2014）。

多条山沟内的中间部位非法倾倒垃圾的现象较严重，垃圾种类主要为玻璃、水泥碴、塑料、油漆桶、沥青等，把秀美的山川折腾得不像样子。较轻的垃圾，冬季被风吹起，四处飘散。这种现象多年前就发现了，一直没有解决。

13日下午，从喜鹊梁南部下山，没有走大路，而是经马驹沟村、常沟子村、正盘台村、李家堡乡，再回G6而返回北京。这条线沿途荒凉的山坡上开满了黄刺玫。

右页图 鸢尾科粗根鸢尾。
下图 豆科多叶棘豆。2018年5月12日。

上图 粗根鸢尾，注意右上的一朵颜色不同。一只大斑芫菁在啃食粗根鸢尾的花。2018年5月12日。

左中图 大斑芫菁和粗根鸢尾。这种啃咬是否完全起破坏作用？也不一定，昆虫的取食也有利于植物传粉。

右中图 芫菁科大斑芫菁在啃食豆科大花棘豆的花。2020年7月1日摄于草原天路。

左下图 鸢尾科囊花鸢尾。

右下图 鸢尾科紫苞鸢尾。

左上图 报春花科胭脂花。

右上图 毛茛科细叶白头翁。

下图 细叶白头翁的花。2021年4月22日摄于桦皮岭。

左上图 伞形科辽藁本标本。2016年采于喜鹊梁阴坡。

右上图 辽藁本标本，叶的细节。

左下图 茄科脬囊草。2018年5月13日。

右下图 脬囊草的果实。

4.8 学会欣赏山蒿：低山植树高山养草

崇礼野生植物非常丰富，但人为了自身需求，也要植树，即人工栽上一些树。有些该栽，有些不该栽。有的该栽 A 类树却栽了 B 类树，有的该种草却偏偏一个劲儿地栽树。"绿化""植树造林"这些事似乎天然正确，有的人却从来没有搞清楚。不但在崇礼、沽源、赤城如此，在全国各地都存在一些糊涂认知。

与通常直接面对"怎样把树植好"不同，我们宜先发问："为何要植树？"这两者是相关的，但后者更基本，它决定着前者。多数人不大考虑为何要植树这个根本性问题，只知道尽可能多植树。

左图 长尾山椒鸟，你能一眼看到它在哪儿吗？

右上图 崇礼区许多山沟被非法倾倒了垃圾。2018 年 5 月 13 日。

右下图 崇礼区非法倾倒的垃圾被风吹得四处飘散。

植树有很多不同的目的。在相当一段时间里，通过植树获得直接好处（通常是经济利益，偶尔也会考虑观赏价值），将木材用于工农业生产是首先要考虑的。比如，造一片林子，等树长大了，砍伐它们，可建房、造纸、烧炭。又如，在山坡上栽树，让它们结果子，果子收获后可卖钱。在公园、社区或道路边栽上既容易生长又"好看"的树木，用来绿化、美化人们经常往来的场所。除了这些，传统上植树也有考虑长远的，比如为了区域生态向好、防沙固土蓄水等。但相对于前面所述的功能，这方面的考虑通常是次要的，以后可能会逐渐加强。

植树造林，基本是在"人定胜天"的框架下实施的，操作上容易演化为"速成论""唯生产论"，即它更多地考虑了短期目标而忽略了长远目标，也容易扭曲人与自然的关系，显示出人之不自量力。当中国建成小康社会，生产和生活都步入新层次、新境界时，当工业文明的优点和弊端都显露无遗时，就要更多地从天人系统可持续生存的角度考虑植树造林问题了。

生态问题在我们国家谈了好久，但是过去谈和现在谈有所区别，因为"生态之重要性"在不同时期表现得不一样。

在生态文明建设的大背景下，中国社会发展面对的主要矛盾发生了根本性的转变，此时生态是第一位的。各方面的发展都要服从于生态保护："保护生态就是发展生产力。"当生态排在生产之前时，植树这件事的诸多争议就容易说清楚了。为什么要植树？在哪里植树？植什么样的树？本土种和外来种如何处理？植树还是种草？

除了少数情况，植树应主要考虑生态效应，努力恢复那些被人为破坏了的生态。这种恢复是在考虑大自然恢复力的条件下，人工协助大自然来进行的。不是撇开大自然另外搞一套，更不是狂妄地以为自己比大自然还高明。工作重心的转移十分关键，理论上和现实中存在这样的可能性：有些植树活动南辕北辙，即生态上不正确。

也就是说，植树、造林，不再具有天然正确性！现在要具体问题具体分析，行为主体不应当再以笼统的"植树"而要求得到纳税人的支持。

在北京、河北、内蒙古的高速路、国道、省道、乡道边大量栽种外来种漆树科火炬树，这种破坏大地景观的荒唐行为早就应制止了。火炬树确实有其优点，某些时候也显现出一丝美，但是综合考虑，缺点远远大于优点。如果说起初人们认知不全面，引种时没有深思熟虑，过了十几年，反对的声音越来越多，这件事就应该有个了结。结论是：根本没必要大规模引进这个外来入侵种，过去那样做是头脑简单化加部分崇洋媚外的结果。火炬树仍然可以在特定场合下栽培、研究，但是绝对不能再不分青红皂白地全方位使用。

火炬树是个极端的例子，与此类似但不那么明显的其他树种也要逐一检讨，比如杂交杨、悬铃木、银杏、美国红栌、银白槭、金叶榆要不要大范围内一股脑儿地栽种？栽种它们是为取其材、取其生长速度、取其美、取其有利于当地生态？恐怕都很难回答清楚。那么为何现在许多城市几乎协调一致地只栽种这少数几种行道树？是因为它们最适合当地的生态，是不二之选吗？非也。只是因为恰好有相应的苗木供应，使用它们手到擒来，绿化团队操作起来方便，经济上划算而已。表现出这类问题的，绝对不只是上述少数物种。通过调查可以发现，当下中国普遍存在"南苗北移""西苗东植"（盲目引进外国物种）的情况。近几十年的苗木生意首先在南方发展起来，北方自己的苗圃发展缓慢并且商业化程度不够，导致绿化工程实施时选择余地不大，特别是几乎无法从本地获得本土苗木。有些道理人们也不是不懂，无奈无米下锅，找不到可选择的当地苗木。要特别指出一点，其中不懂行且爱面子的部分领导扮演了很坏的角色，他们追求立竿见影的绿化效果，通常喜欢高大且"好看"的树木，哪怕它们只能成活几年、几月甚至几天，如北京西三旗立交桥路口东北角街道上栽了许多荷花玉兰（原产于北美洲东南部），无一成活。附和长官意志、糊弄领导，在现实植树造林运动中屡见不鲜。

张家口大量的高山草地上为何整齐地挖上坑，反反复复地栽种松苗？是因为原来那里就长着松树，还是因为那里适合松树生长，栽了松树以后更有利于生态？都不是！在那里，海拔1900—2100米的高山顶部通常不适合任何高大树木生长，这不是哪个人、哪门学科规定的，是大自然千百万年、上亿年长期适应的结果。那里最适合本地野草生长，偶尔有沙棘、虎榛子、山刺玫、中国黄花柳之类小灌木，但也绝不是在最顶部。从谷歌地图上看一下（实地勘察看得更清楚，但因为视角不佳而缺乏整体感），在崇礼、沽源、赤城、张北许多地区，特别是汗海梁和草原天路东段，原来生长得好好的高山草地，都被打了一排一排的眼儿（人工挖的植树坑），实地考察也印证那些坑里歪歪扭扭植上了弱小的松属、侧柏属、云杉属小苗。我并非想指责植树不认真，对成活率耿耿于怀（已有人公开批评这方面的事情），树苗活不活不是关键，那只是个经济问题。要害在于，在那里（高山顶部）种树本身就是破坏生态！树种不活反而保护了生态。

张家口地区许多山坡被成功地植上人工林，外表看确实长势喜人，似乎生态在变好，但问题是，那里该不该种树？多年实地考察证实，那里的人工林中，生物多样性极低！低到不及自然状态下任何山坡的生物多样性。而许多远观贫瘠的干燥山坡，其生物多样性实际很丰富，各个物种在长期自然演化过程中彼此适应得很不错。张家口也有大片天然桦树林，林下生物多样性也不很高，但比人工林还是强百倍。白桦是自然生长的，经过了长期严酷考验。从用材的角度看，那些费劲、费钱栽种的人工林也许是好的，植那些树是有功劳的，可是，从保护生物多样性的角度、从生态保育的角度看，上述行为是可疑的，甚至从根本上背道而驰。什么"道"？

大自然之"道"。那里是经济林场吗？国家的规划是希望那里出产木材吗？非也。国家希望那里天人系统永续，生态保持良好。作为环首都生态保护圈的一部分，在那里多产木材从来不是主要考虑。

难道那里根本不需要植树？我可没有这样说。只是说不要乱植树。至少高海拔山地不要乱植树。山坡植树也不宜大片地栽种单一物种。

那些因为开矿、修路、建滑雪场、盖房子、打隧道、放牧、种菜、旅游开发等人为活动而破坏的山体，需要局部补偿性植树种草，注意不是只植树。个别因山洪、泥石流、塌方、滑坡等导致的"自然缺陷"，也可以适当修补。坦率地说，"自然缺陷"是相对的，是人类中心主义视角下的判断。如果要说起它们有什么危害的话，源头往往也跟人的活动有关。在华北和青藏高原，山坡草地被雨水冲出很深的沟壑，往往与开垦农田和过度放牧有关。在张家口崇礼一带，泥石流、塌方、滑坡其实也不多见。因此，在相当多的情况下，并不需要劳神、费钱而大规模植树，管好人为破坏生态（比如过度放牧、砍伐、施工）更重要。

有关部门总得做点儿什么以显示有所作为吧？该做的就是把因人为干扰而导致的偏离纠正过来，测定偏不偏的"标准"是大自然的正常状态和正常演化过程。比如，那里野草长得好的山坡，就不要折腾了，不要用推土机把它们全部翻掉再种上外地草种。可惜，赤城闫家坪、Y082乡道沿线、崇礼的富龙小镇就那样干过，吉林松花湖也干过，不以为耻、反以为荣。

中国滑雪业发展迅速，2013年全国有约500家滑雪场，2019年约770家，据我所知，普遍存在生态补偿不足的问题。此"生态补偿"还不是指因兴建和运营具体的滑雪场在较大范围内给区域生态带来损害，而要给予相关人等一定的经济补偿，那些是理论上应当做的事，但实际上很难办。我指的是，从滑雪场自身利益考虑，为了防止山洪和雨水冲击雪道、为了景区环境美观等，应当进行小范围环境修补，有效地进行绿化，如多栽种鸢尾科马蔺。其实，也不是当事人不想做，而是动力不足或者不知道怎么做。真正想做时，因为不会选择物种或者购买不到所需要的当地苗木和草种，而无法具体实施。这导致诸多滑雪场与环境不协调，非雪季很难看，防御灾害的能力也较弱。有时放着数十种优秀本土花草不用，而专门种上洋花草来炫耀自己的山坡美丽，更是贻笑大方。举办相关摄影比赛，获奖作品中展现的多不是本地物种——评奖专家脑子里缺"生物多样性"这根弦儿。

道路与河流两旁、公园里总要栽些有特色的树吧？确实应当栽，问题是栽什么树？把人家的好东西直接拿来，据为己有？这是通行的省事的办法，未必省钱，但可以让某些部门和公司有利可图。从博物学、生态学的角度考虑，不应当这样做，而是应当仔细研究，从本地物种中挑选适合的种类来栽种。外地的物种不是绝对不可以考虑，但要排在后面，而且要严格限制数量。"本地优先"是基本原则，是一条基于生态学、博物学而概括出来的原则。其道理容易讲清楚，即当地生长的物种在长期自然演化过程中适应了环境，也彼此适应，它们形成一种牢固的生态共同体，这个共同体中的成员一般不可能单独良好地存活。具体而言，所谓的"适应"包括与菌物、土壤空隙度和酸碱度、温度、湿度、气候及其他物种的多方面适应。在这样的背景下，从本地物种中选育出来的园林、园艺物种，相对而言容易成活，照料它们的成本也较低。再综合就地取材等其他因素，长远看，选择本地物种来植树、绿化，最合理、最划算。但短期看未必，因为长期以来人们不大重视本地物种，知识、技术、产业准备不足。（注意：用本地物种，不意味着就可以到山上挖现成的。植树本来宜植小不植大，要避免好"大"喜功。）

具体而言，张家口地区山坡上应当栽什么树，如果非要栽种的话？据我观察，可考虑如下当地物种：沙棘、华北驼绒藜、榆叶梅、花楸、红丁香、山楂、六道木、蚂蚱腿子、虎榛子、榛、毛榛、黑果枸子、山杏、山荆子、卫矛、胡桃楸、柳叶鼠李、冻绿、美丽茶藨子、刺果茶藨子、山刺玫、美蔷薇、榆树、大果榆、稠李、灌木铁线莲、锦鸡儿属植物、绣线菊属植物、小檗属植物等，可少量栽种白桦、蒙古栎、元宝槭（元宝枫）、东北杏、刺榆、春榆、青杨、山杨、樟子松、华北落叶松、油松等。不宜千篇一律栽松属植物。对于干旱的陡坡，甚至可以考虑栽种菊科的山蒿（*Artemisia brachyloba*），它是一种半灌木或灌木状草本植物，对于张家口地区生态起着重要作用。标本由谭卫道神父1862年9月采集于西湾子，由弗朗歇发表于《谭卫道中华帝国植物志》（Franchet，1884：171）。其实也许不必特意栽种，注意保护就可以，在自然环境中山蒿繁殖得很好。此物种在赤城Y082乡道胜海寺入口处至崇礼区的干旱山坡上广泛分布，比如二道边、西湾子山上非常多。

如果北京要进行绿化植树或者生态植树，推荐如下种类：青檀、侧柏、柘、山桃、山杏、蒙古栎、酸枣、山楂、小叶朴、君迁子、花楸、元宝槭、胡桃楸、榆树、毛黄栌、油松等，不建议使用刺槐、毛白杨、荷花玉兰、玉兰、悬铃木、槐、美国红栌、水杉等。但是，目前在北京难以购买到青檀、柘、蒙古栎、山楂、小叶朴的小苗。

这不是简单换些物种的事情，而是要改变观念。在传统植树造林运动中，沙棘、蚂蚱腿子、虎榛子、六道木、黑果枸子、柳叶鼠李、美蔷薇、刺果茶藨子、灌木铁线莲等根本不会被考虑。从用材角度看，虎榛子、六道木、黑果枸子、柳叶鼠李、美蔷薇等根本不成材，然而这类灌木或小灌木对当地植物生态系统贡献巨大。可是如果真要栽种我所推荐的物种，现在根本找不到供苗单位，因为几乎没有人做这个利国利民的产业。

真要让"大好河山"（高维岳书写的四字匾额）保持为"绿水

上图 高山顶部需要栽树吗？这里土层薄、风大，更适合本地草本植物和个别小灌木生长。

下图 这里的高山其实不应当植树。

青山"，就要扩大视野，以自然为本、为标准，重新思考植树造林活动。

2021年6月2日《国务院办公厅关于科学绿化的指导意见》发布，当时正与凤凰卫视的朋友在崇礼桦皮岭一带高山上现场讨论不当植树破坏生态的问题。此文件中提出了值得重视的绿化新理念："积极采用乡土树种草种进行绿化，审慎使用外来树种草种。各地要制定乡土树种草种名录，提倡使用多样化树种营造混交林。"文件在"工作原则"中提及："坚持保护优先、自然恢复为主，人工修复与自然恢复相结合，遵循生态系统内在规律开展林草植被建设，着力提高生态系统自我修复能力和稳定性"；"坚持因地制宜、适地适绿，充分考虑水资源承载能力，宜乔则乔、宜灌则灌、宜草则草，构建健康稳定的生态系统"；"坚持节约优先、量力而行，统筹考虑生态合理性和经济可行性，数量和质量并重，节俭务实开展国土绿化"。这些原则非常正确、重要，但各级相关部门理解、执行起来可能还有困难，因习惯问题，会有长久的不适应。

PLANTÆ DAVIDIANÆ EX SINARUM IMPERIO 171

Planta 20-30 cent. alta ; folia inferiora vix 2 cent. longa ; capitula 5-6 mill. diam. Nullæ speciei affinis, nisi fortasse *Art. centifloræ*, Maxim. Mél. biol. X, 672, quam non vidi et cui cl. Auctor capitula magna (10 mill. diam.), sub-100-flora, et caulem subsimplicem concessit.

Mongolie : sur les rochers, autour de Sartchy et à Che-Kouen, dans le torrent ; (n° 2962). Avril 1866.

500. — ART. BRACHYLOBA, SP. NOV.

(*Abrotanum*). — Fruticulosa multicaulis ; caules erecti, graciles, angulati, tenuissime tomentelli præsertim superne ; folia ambitu ovata, supra glabrescentia, subtus incana, longiter pedunculata, ramorum sterilium bipinnatisecta, segmentis paucis (utrinque 3-4), angustissimis, rachi æquilatis, brevibus, obtusis, plus minus patentibus ; folia caulium florentium (inferiora desunt) simpliciter pinnata, suprema (capitula fulcientia) integerrima ; inflorescentia laxe racemosa, racemis paniculatis ; capitula hemispherica, sessilia vel subsessilia, horizontalia vel subnutantia, bracteâ foliaceâ illis 2-3-plo longiore patenti fulcita ; squamæ exteriores lanatæ, punctatæ, lanceolatosubacutæ, interiores marginibus late scariosæ ; flores radii hermaphroditi, fertiles ; flores disci feminei, abortivi ; achænia abbreviata, ovata, madida valde mucilaginosa ; receptaculum glabrum.

Planta sesquipedalis ; folia 3-4 cent. longa, segmentis primariis 10-15 mill. longis ; capitula diam. circiter 4 mill.

Capitula illis *Art. sericeæ* similia, sed receptaculum glabrum ; inflorescentiâ laxâ, capitulis subnutantibus hemisphericis bracteatis, segmentis foliorum brevibus, divaricatis, inter species gregis facile distincta et propre *Art. Adamsii* Besser collocanda.

Chine : environs de Pékin ; (n° 560).
Mongolie : Si-wan, septembre 1862.

左上图 谭卫道1862年9月在西湾子采集的菊科山蒿标本（局部）。法国国家自然博物馆藏。

右上图 菊科山蒿，崇礼一带干旱山坡的生态功臣，对保持水土起重要作用。多年生，半灌木。2015年8月24日。

下图 弗朗歇根据谭卫道的标本于1884年发表的菊科山蒿（*Artemisia brachyloba*）新种。注意最末两行指出了此山蒿标本的采集地和采集时间。

左上图 半灌木状的山蒿。2018年6月24日。

右上图 菊科山蒿。根状茎直径可达8厘米，木质，粗壮。2018年6月24日。

下图 菊科山蒿密集生长在干旱的山坡上。茎多数，丛生。2018年6月24日。山蒿在华北荒山上的生态角色令人想起同属植物盐蒿（褐沙蒿）、圆头蒿（白沙蒿）、黑沙蒿在沙漠或沙地扮演的角色。

4.9 慎言"迁地保护"

崇礼喜鹊梁一带阴坡生长着漂亮的箭报春，太子城、狮子沟附近有崇礼的标志性物种冀北翠雀花，崇礼旅游开发过程中要特别加以保护。

在动物界和植物界，一提及保护，许多人就喜欢大谈特谈"迁地保护"（Ex-situ conservation），觉得它是最科学、最有效的保护办法，甚至是万能的办法，然而可争议之处非常多。比如，有些行为可能违反有关遗传资源获取与惠益分享的《名古屋议定书》（薛达元，2007；徐靖等，2012；郭志勇，2019），甚至涉嫌违法。过多考虑了人的短期利用，而未从生态和非人类中心论的角度考虑问题。更有甚者是过多考虑了个人多发文章、多上项目。与此相关，解决问题的正道是"就地保护"，虽然有相当的难度。低门槛的"迁地保护"试验（通常是不靠谱的尝试），既在舆论上减弱了"就地保护"的压力、影响到有效保护行动的开展，也可能实质破坏生物多样性。此外，它给人一种迁地保护很容易做、是常规操作的错误印象，当经济建设与生态保护发生矛盾时，领导立即想到让后者为前者让路：挡道的物种不是可以"迁地保护"吗？"你们科学家研究一下，把碍事的物种整出场地。"这样的事情已经发生过多次，比如影响巨大的"甘蒙柽柳事件"：青海黄河羊曲水电站未批先建，移植古柽柳林引争议（张胜坡，2019）。2015年4月至2016年4月，某水电公司委托国家林业局西北林业调查规划设计院，组织实施了黄河羊曲水电站控制流域内甘蒙柽柳移植先导试验研究项目，此后原青海省林业厅、原国家林业局又组织中国林业科学院、中国科学院植物研究所的有关专家，对然果村及周边甘蒙柽柳林进行了调研，并出具了《青海省同德县然果村及周边甘蒙柽柳调查研究报告》。省政府据此制定了《青海省羊曲水电站拟淹没区甘蒙柽柳保护方案》，并于2018年8月对外公布，方案是对淹没区甘蒙柽柳林进行"迁地保护"。研究报告认为，甘蒙柽柳乔木林在其他适宜的生境条件下，仍然可以长成类似的柽柳乔木林。出了这件事，不能全赖有关领导不懂科学不负责，首先要怪专家学者作伪证、奴性太强。

什么是迁地保护呢？Ex-situ 意思是 off site（迁地），是与 in-site（在地）相对应的一个词。Ex-situ conservation 是指将目标物种的部分个体或者"个体之部分"移出其原生地，从而对遗传资源进行保护的一系列技术，包括种子储存、活体异地繁育、慢生长储存、DNA 信息储存等。下面只就狭义的活体异地繁育来讨论。人类只能对非常小比例的物种实施迁地保护。不切实际地扩大其比例，本身就违背生物多样性保护的宗旨、初心。

据 2014 年蒋志刚调查，中国 68 家动物园和野生动物园，饲养了 234 种国家一级与二级保护动物，分别占国家一级、二级重点保护动物总数的 70.57%、47.09%，饲养了 254 种《濒危野生动植物种国际贸易公约》（CITES, Convention on International Trade in Endangered Species of Wild Fauna and Flora，也称《华盛顿公约》）附录物种，分别占列入 CITES 附录Ⅰ、Ⅱ、Ⅲ的中国动物的 64.21%、60.86%、50%（蒋志刚，2014）。此外，我国建立了 30 余处国家级野生动物救护与繁育中心，已经成立 13 个繁育基地，还建有相当数量的以商业为目的的养殖场（刘冬梅等，2016：24）。2019 年 11 月有媒体报道，有人打着一级保护动物"繁殖孵化基地"的招牌进行非法养殖和销售活动。就生物多样性保护而言，这些究竟算成就还是算问题呢？恐怕要细致分析。动物园中动物种类的增多，并不意味着野外相关物种生存状况变好，也有可能是负相关。

植物科学界也做过许多物种的迁地保护，而且大有超越动物界的趋势，如南方红豆杉、普陀鹅耳枥、广西青梅、广西火桐、德保苏铁、多种兜兰属植物、四合木、南川木波罗、观光木、流苏石斛、毛枝五针松、中华水韭、千果榄仁、东京桐、海南梭、任豆、掌叶木等。植物学界提及迁地保护总是十分兴奋，列举数字以示明显成就。实际上，冷静地想一想，实地看一看，情况并非宣传的那么好。

为何科学界、保护界如此热衷于迁地保护呢？背后的哲学是什么？是简化论的思维、上项目的恶习。地球上生物多样性的产生和维持，是大自然长期、复杂演化的结果，人这个物种只是其中一个成员，应当扮演合适的角色。人的认知能力和处事能力，原则上都相当有限，就行为而论可以说劣迹斑斑。近代科学登上历史舞台后，人这个物种对世界的操纵能力大大增加，科学世界与生活世界纠缠在一起，也时常产生分裂。从事科学研究，必须先简化复杂的外部世界，只研究其中有限的、当下容易把握的方面，要隔离、放弃绝大多数难以控制的因素，所谓"抓主要矛盾""提炼本质"。不这样做，就得不出严格的、"客观的"结论。具有讽刺意味的是，这样做是高度人为化的结果，并非纯粹的"客观"。科学结论均是主观因素与客观因素相混杂的结果。"迁地保护"的想法听起来非常不错，但从根本上说它不是一种自然保护的常规办法，通常是一种投机取巧的类似实验室操作的有风险的试验。经过不懈努力，许多"迁地保护"项目都取得了"预期成果"，其实相当多只是暂时成功，只表明项目在某个人工环境下短期内满足验收要求。

如果迁地保护是普遍有效的，那么就根本不用实施自然保护了！显而易见，迁地保护基本上是无效的、不正当的。早在2008年，许再富等在《我国近30年来植物迁地保护及其研究的综述》中就指出："从20世纪80年代起，中国植物园与世界植物园同步挑起了植物迁地保护的历史重担，使植物园的数量迅速增加至近200个，收集保存了占中国植物区系2/3的20000个物种，并在稀有濒危植物迁地保护原理与方法的科学研究上获得了新的进展。然而，中国植物园的布局与世界的植物园一样，物种越丰富的地区，已建立的植物园越少；在保存的物种中，不仅忽视了遗传多样性的保护，而且有约1/3的国家重点保护种类主要因适应性问题而生长不良、出现生殖障碍，甚至死亡。"（许再富等，2008）按理说，植物迁地保护既要保存物种，也要维持其遗传多样性。但是前者似乎好做，而后者原则上做起来就非常困难。目前我国植物园的迁地保护基本偏于前者，只有个别单位开展了迁地保护的稀有、濒危植物种群的遗传多样性测试研究。目前我国野生植物迁地保护虽然取得了一些成果，但还面临着不少的环境适应性和遗传风险。"目前有较大比例植物园缺乏对稀有、濒危植物迁地保护的基本条件；有较大比例的稀有、濒危植物在植物园中因生态适应问题而生长不良以至于死亡，或不能开花，或开花不结果，或结果而不能产生有生命力的种子；有较大比例的迁地保护植物种类的种苗仅来自野外的个别居群、个别母株和在植物园中仅栽培了为数很少的植株，而不能达到保护和维持其遗传多样性的目标。此外，较多植物园对于稀有、濒危植物迁地保护缺乏科学的记录系统，甚至对它们的来源也不清楚。"（许再富等，2008）

关于迁地保护问题，科学界内部的看法有差异，科学内外也有分歧。比如从博物学和人文学术的角度看，要尽可能避免迁地保护。任何迁地保护行为，首先要采样、要破坏原生地相关物种的生存，其次研究有风险，即使努力了结果也未必好。一些亟待保护的物种，本身数量就很少，任何活体采样都意味着对目标物种真正的伤害。迁地保护的效果通常也不是在短期内可以评判的，而科学项目的结项是有严格期限的，通常时间跨度不大。也就是说，通过验收的项目，事后可能证明是不合格的，但已经无法监督和处置了。即使某些人做得很糟糕，也不会影响到他们持续申请类似的项目，拿更多珍稀物种冒险。当众多研究单位把迁地保护当成了"营生"，动不动就开展迁地保护研究，这实际上是非理性的、可怕的行为。各界对此要高度警惕，科学界内部要改进思维方式，提升自我约束能力。

无论有怎样的争议，还是有一些共识的。为了有秩序地开展生物多样性保护研究，可采取如下应对措施：①减少以"迁地保护"为名义的科研项目资助，这是阻止破坏活动的有效手段；②依法依规办事；③舆论上为"迁地保护"降温。

4.10 行道树和路边绿篱

崇礼最新、最出名的行道树是金叶榆（*Ulmus pumila* 'Jinye'），由河北省林业科学研究院科研人员培育的一种彩色观赏树种。其特点是榆树的叶子含类胡萝卜素而呈现金黄色，据说很受欢迎。一般是先栽一个粗壮的榆树树桩作砧木，然后把金叶枝条作接穗嫁接上。不过，它与金叶国槐、金叶连翘一样，有点儿违背自然规律。叶本来是绿色的，也便于进行光合作用，人非要让它长出黄绿的叶子，这对其光合作用会有一定影响。有研究证实，金叶榆光合速率的绝对值明显低于家榆，家榆的净光合速率是金叶榆的1.7倍。此外，金叶榆也不如家榆耐冻（代波，2009）。另一研究表明，金叶榆对强光的忍耐力以及对弱光的利用能力均不如家榆（祁海艳，2010）。金叶榆作为园艺植物可少量栽种，不适合作为行道树大量栽种。据报道，金叶榆是中国应用量最大的彩色植物新品种，在30多个省（自治区、直辖市）的街道公园、13000多个乡镇和长达12万千米的公路绿化中大规模应用。一个人工品种的超级应用，确实也存在滥用的风险。当然，与林木转基因技术的风险相比，金叶榆的改造还是小意思，当下特别值得关注的是林业系统低估转基因的风险。

2021年春发现，崇礼城区道路两旁栽种了多年的金叶榆已经被废弃，重新挖了坑，栽上高大的白桦、蒙古栎等本土树种。好像这回做对了？还是不对。第一，原来已经成活多年的，不宜再折腾了。第二，新栽的多是大树，根据以往的经验很难成活，两年后可以检验成活率。但是，冬奥会2022年就开幕，过后谁还管这些树？有一句话说在前头："好人不栽大树。"

从美洲引进的漆树科火炬树，前文已经提及属于错误引进。从南部进入崇礼城区之迎宾路 S242 的两侧有许多，秀水湾公园的半山腰也能找到。建议不要再栽种这类外来物种了。

崇礼也栽种了一些不错的树种。高大、枝条一律向上的杨柳科新疆杨，比较适合干旱地区生长，栽在崇礼正是地方。多见于通往万龙滑雪场的道路两侧。木樨科红丁香及丁香属的其他大叶品种，配合新疆杨栽种。豆科锦鸡属植物，值得大力推广。内蒙古、河北北部多有种植，也有多个种，耐旱、根深。有一个小问题是，豆荚经常受虫害影响，导致多数种子无法繁殖下一代。胡颓子科沙棘，很好的本土物种，山梁上甚多，作树篱极合适。但此物种一般不成材、刺多。在通往长城岭的道路两侧，多用作绿篱。藜科华北驼绒藜，比较有创意的一种绿篱，本土种。很少见到用它作为绿篱，在此地其实很合适。松科樟子松、油松、落叶树、云杉，适合本地自然条件，但不宜大片单一栽种。

推荐几种行道树种：大果榆、春榆、花楸、元宝槭、山荆子、山楂、稠李、酸枣、君迁子。它们均为崇礼本土物种。

总之，比起热火朝天地开辟着的工业文明新娱乐形式，这里的行道树、路边绿篱并无太大不同之处。最后，记下《塞北慢变量》：

群龙蛰伏千载，任凭踩踏揉搓

任凭拔毛剥皮，钻孔刮骨，换草整容

播撒的异地种子并不稀罕大机器开创的伤口

柳兰草本威灵仙趁机攫取阳光占领雪道

唐松草棱子芹悬钩子摆脱阴影

感恩资本家阔绰任性，蓝图横绘

赔本赚点吆喝：来吧来吧，滑着蹦跶

急躁甚至不是这一伙人独享的异禀

行恶及为恶行贴金同样是百年旧戏

也难演绎出新花样

马蔺和山蒿在山脚和山头蹲卧
曲麻菜和乳苣在平地串着根儿
笑看人间热闹，消磨棱角

左上图 胡颓子科沙棘。2020年9月30日。

右上图 蔷薇科花楸。2020年9月27日。

下图 大规模建设滑雪场。2015年10月5日。

4.11 崇礼可引种槲寄生

读者可能有意见了，认为我过多地批评行道树方面的问题，建设性方案太少。其实对于崇礼，也可以提出诸多可行的方案，比如在崇礼的行道树上引种一种有趣的本土物种"槲寄生"，第一步是供人们观赏，也能吸引来一些鸟，第二步可考虑商业开发（王长宝等，2013）。它是一种重要的中草药，现在开发它的人还很少。引种技术早已相当成熟，办法就是在树枝上钻孔，把槲寄生的种子塞进去。会不会影响原来植物的生长？不会！接种口宽度为1.5—2.5厘米，长度2.5—5.0厘米，深度达到木质部表皮即可（王梓贞、张忠，2015；江翠峰，2012），相当于树皮的厚度。接种后要在外部钻孔处抹上果肉黏质物，一是为了加固，二是为了防止干枯。

关于槲寄生我曾写过一则小文（刘华杰，2019），也适合张家口市，抄录于此，希望对有关人士有点儿启发：

今天，我想为首都北京命名一条道路——"槲寄生大道"。路其实并不宽，但路两边的行道树上有一种特别的植物而且数量巨大，真的很特别，于是就夸张一点儿，称了"大道"。

这种特别的植物就是槲寄生（*Viscum coloratum*），檀香科。这是APG的分科方案，原来归在桑寄生科中。槲寄生自己无独立的根，专门寄生在别的植物枝干上生长，寄主包括杨、柳、榆、桦、栎、梨、李、山楂、苹果、枫杨、赤杨、椴属植物。槲寄生为二歧或多歧分枝的灌木，高30—80厘米，枝圆柱状，节稍膨大。叶对生，稀轮生，厚革质，长椭圆形至椭圆状披针形。雌雄异株。果球形，具宿存花柱，成熟时橙红色。花期5月，果期10—11月。

槲寄生分布较广，东北、华北、华中、西北都能见到，但是一般长在大山上，普通人不上山还是不容易见到。以前在北京想看到它也不容易，但最近机会来了：短短几年工夫，它与作为行道树的毛白杨、加杨，还有鸟密切合作，来到了马路边，已经形成壮丽的景观，走在马路上或者开着车就能瞧见。其中毛白杨上寄生得最多（加杨上较少），有时一株毛白杨上就有30多株槲寄生。正反馈过程是这样的：1.鸟吞食了山上生长的槲寄生果实，飞到路边的杨树上拉屎。2.槲寄生的果实中有大量极黏的物质，种子排出鸟体外时，外面仍然挂着黏稠的液体，当它恰巧掉落到杨树枝上时，就牢牢地固定在那里。3.槲寄生的种子在杨树干上开始萌发，最终与杨树共生在一起。4.等小苗长大结果，鸟儿又来吃，再排泄、再粘上、再生长。鸟的食物越来越多，槲寄生也便越来越多。在一株树上，起初可能只在树梢有一株槲寄生，不久下面的枝条上也可能长出槲寄生。这样就造成有的树上一点儿也没有，有的树上则非常多，马太效应。

杨树、鸟、槲寄生组成的共同体中，好像只是杨树吃亏，是受害者。其实也不一定，鸟多了，经常来树上，也会吃虫子，帮助杨树消灭害虫。另外，从槲寄生的寄生部位观察，也未对杨树造成可观的伤害。

这些槲寄生在早春、晚秋、冬日里容易观察到，树叶多时根本看不到。在北京，观察的最佳时间是11月5日至第二年4月10日。顺便说一句：槲寄生属的模式种为白果槲寄生（*Viscum album*），西藏、云南有分布，著名博物学家吉尔伯特·怀特的院子里就有，剑桥大学植物园也有。

说了半天，北京的"槲寄生大道"在哪儿？放心，马上就说。

如果你没病，槲寄生除了好看外没什么用。另外我仔细观察过，树干又粗又高又滑，不容易攀爬，槲寄生不容易被破坏。可以放心地说出准确地点：北京九渡河向北，安四路（S213）到四海一线沿途。黄花城水库（注意不是水长城那里）西北角停车场是第一处集中点，树上鸟窝状的东西就是，树很高，可能看不清。再向北过二道关路牌，便是第二处集中点，这里比较开阔，站到山坡上容易看清。其他各处自己找吧,总之非常多。提醒注意来往车辆,不要在行驶的车上观看。沿途路窄,也不能乱停车,找一处宽敞的地方停好车慢慢欣赏,植物跑不了。行车路线:G6昌平西关环岛出——昌赤路(S212)——怀长路(S308)——九渡河十字路口向北——安四路(S213)。用高德地图导航可直接导航"二道关村"。

最好带上观鸟的望远镜;如果要拍摄,建议带200mm以上的镜头。想找槲寄生种子的话,可在树下寻,有鸟啄食掉下的。

是不是只能引种到毛白杨上?不是,还有许多选择。比如可引种到壳斗科蒙古栎、榆科裂叶榆、无患子科元宝槭、锦葵科紫椴、桦木科白桦、木樨科北京丁香、桦木科辽东桤木、杨柳科山杨、蔷薇科苹果属植物上。华北春季气候干旱,接种成活率不如在东北。经过鸟儿胃肠消化道处理、排泄而附着于树枝的槲寄生种子,萌发率远远高于人工种植。可以考虑用鸟粪拌种后接种,这种方法需要实际测试、对比。

寄生于毛白杨上的檀香科槲寄生。2018年11月17日摄于北京怀柔。

4.12 刚毛忍冬与美丽茶藨子

崇礼植物以草本为主，木本只占很小的比例。草本植物在有关部门眼中地位远不如木本植物，而我恰恰认为对于崇礼区来说草本植物更加重要，因此本书后面的植物图谱将主要展示草本植物。有一些特别的小灌木也会考虑到。

2017年6月3日上午，到北京六渡采集槭叶铁线莲的种子，下午转到河北崇礼。蔷薇科绣线菊属、毛茛科长瓣铁线莲、菊科漏芦正在开花，蕨（*Pteridium aquilinum* var. *latiusculum*）和刺五加鲜嫩，正适合采摘。落叶松刚长出鲜嫩球果（松塔），呈紫红色，竟然有点儿像红玫瑰！第二天上午到黄土嘴村南侧背阴坡，看到有趣的五福花科陕西荚蒾（*Viburnum schensianum*），花比较稀疏，但比蒙古荚蒾和荚蒾更好看。北京没有这个野生种，植物园中也没看到，这算是第一次见。叶宽卵形，边缘有小尖齿，上面被簇状短毛。侧脉5—7对。萼筒圆筒形，萼齿钝；花冠白色，裂片5，反折；雄蕊伸出花冠约一倍长（不计反折的裂片）；花丝白色，花药黄色。附近有圆叶鼠李、六道木和元宝槭，除后者外此时均有花。下午到狮子沟复查冀北翠雀花，见到一些囊花鸢尾正在开放，细叶白头翁已经"白头"。

2017年6月19日，与田松教授再次来崇礼，先到多乐美地看花，美蔷薇、中华花葱、毛茛、胭脂花、高乌头开得正好，菥蓂已结出倒卵形、有凹缺的短角果。我们把车一直开到万龙滑雪场与云顶滑雪场分界的山岭鞍点，然后朝北侧山梁行驶。一种只有半米多高的小灌木进入视野，还开着乳黄色的花，立即可以确认是忍冬属。再看全株遍布的腺毛和粗糙毛、宽大的苞片，确认是刚毛忍冬（*Lonicera hispida*）。以前在小五台山北坡见过。6月20日，专门到城区东北部的洞沟看花。高耸的岩石间到处是绣球花科小花溲疏（*Deutzia parviflora*），松哥看得十分高兴。不知道园艺界为何不好好利用这种野生植物？没想到，洞沟这片荒坡上荚果蕨、蕨、白鲜、芍药、夹竹桃科紫花杯冠藤（*Cynanchum purpureum*）、北京丁香也非常多。其中紫花杯冠藤我在北京从未见过。

2020年新冠疫情影响许多人出行，有一阵子，北京人颇不受欢迎。我到沽源、赤城一带看植物，晚上找不到住宿的地方，一听是北京来的，都劝我另找一家，别给他们家找事。最后被迫于深夜返回北京。到了8月份，情况好转，抓紧开车去了一趟蔚县的茶山和草原天路东段（在沽源县境内）。9月下旬与中国科学院建筑设计院绪老师团队一起在崇礼的山脊上走了几天，他们的任务是为崇礼设计数百千米的步道系统。9月25日一起登上了汗海梁，海拔2050米以上，是离喜鹊梁、王子府村、马丈子村、西坪村不远的一处高地。几年前万科集团想在此修建一个大型滑雪场，不知为什么项目突然暂停了。

9月26日我们踏勘红花梁到富龙滑雪场一线的山脊。听说除了本地人外，此线路没多少人全程走通过，主要是因为接近西湾子城区的一段山脊上植物生长过密，无法行走。听起来不大可信，实际穿行，方体验到真的如此，在密集的灌木丛中每前进一步都十分困难。孙老师倒是带了一把特别强悍的大砍刀，但是仍然解决不了问题。如果只有几十米，一路砍过去就成了，但是有千米以上，砍出一条路是不现实的。最后只好向东退回一点儿，然后向北下山，在黄土嘴村大桥工地附近回到Y098乡道。这倒是好现象，说明崇礼的山脊植物生态很好，想通过都困难，只是这样的情形越来越少了。这半天的穿行，见到比较有特色的灌木和乔木是花楸、元宝槭、黑果栒子（*Cotoneaster melanocarpus*）。黑果栒子丛生，其叶子在此9月底的秋季红得鲜艳，我品尝了一下其黑色的小果实，略有甜味，野外可以充饥。试图为红叶植物排个序，并不很成功，花楸、黑果栒子、美蔷薇、山刺玫（*Rosa davurica*）、元宝槭、红瑞木、六道木、毛脉酸模（*Rumex gmelinii*）、华北覆盆子的叶子由深红到浅红、橙红变化多端。

9月27日一早由富龙滑雪场乘索道直达最高点，然后顺时针沿山脊走一个小循环。山脊勉强可以寻出一条小路，走的人甚少，见虎榛子、花楸、山杏、灰毛地蔷薇（*Chamaerhodos canescens*，新发出的小苗）、钝叶瓦松、芹叶铁线莲、小玉竹、黄精、石竹、二色补血草、蒙古荚蒾、蒙椴、美丽茶藨子（*Ribes pulchellum*）。美丽茶藨子果实正好熟透，此时品尝味道甜美，一点儿也不酸涩。明年争取早点来，观察它的花，不能只吃果而不识花。

在山脊上攀爬，眼前突然闪现出一种鼠李科植物，叶子很是奇怪，凭叶子的形状，应当叫柳叶鼠李。不过这个种之前我肯定没见过。停下来，多拍摄了几张照片。回到酒店立即查植物志，果然正式名称就是"柳叶鼠李"。如果每个种的特征都如此有"棱角"，宏观层面的分类学也就好操作了，实际情况却是特征交叉，各类群之间划分困难。这之后，在崇礼行走，就不断地看到柳叶鼠李。可称之为"熟识效应"（familiarity effects），即一旦确切认识某物，大脑会产生特别的记忆，以后观察世界时，大脑会用相应的模式优先解析，因而就容易看到、辨识出类似的对象；相反，从未真正认识某对象，要在自然环境中观察、提取它，就有一定困难，通常视而不见。"熟识效应"有普遍意义。扩展开来，若从小不关心自然物，久之会以为它们不存在，至少与自己的生活不相干。孩子尽早接触博物学，相当于优先占领"机器内存"，自然物、生态系统的观念优先进入大脑，形成牢固的背景。有了这样的基础，遇到生活、社会中的各种问题，便容易在整个大自然共同体的平台上加以考虑，而不是就人事论人事。比如，热量从哪里来？面包从哪里来？财富从哪里来？启动比特币"挖矿机"为何会影响环境？

左上图 松科华北落叶松。2017 年 6 月 3 日。

右上图 五福花科陕西荚蒾的叶和花序。2017 年 6 月 4 日。

右中图 五福花科陕西荚蒾。2017 年 6 月 4 日。

右下图 忍冬科六道木。2017 年 6 月 4 日。

左上图 毛茛科细叶白头翁。2017年6月19日。

右上图 忍冬科刚毛忍冬。2017年6月20日。

左下图 洞沟的岩石和绣球花科小花溲疏。2017年6月20日。

右下图 绣球花科小花溲疏。2017年6月20日。

左上图 夹竹桃科紫花杯冠藤和毛茛科芍药长在一起。2017年6月20日。

右上图 蔷薇科黑果枸子。2020年9月26日。

左下图 蔷薇科花楸。2020年9月26日。

右下图 蓼科毛脉酸模。2020年9月26日。

左上图　蔷薇科美蔷薇。2020年9月26日。

右上图　蔷薇科华北覆盆子。2020年9月26日。

下图　无患子科元宝槭。2020年9月26日。

左上图 五福花科蒙古荚蒾。2020 年 9 月 27 日。

右上图 茶藨子科美丽茶藨子。2020 年 9 月 27 日。

左下图 鼠李科柳叶鼠李的叶子和果实。

右下图 鼠李科柳叶鼠李。2020 年 9 月 27 日。

4.13 点地梅属的吸引

崇礼桦皮岭一带山梁处广泛分布着报春花科点梅属的植物，其中一种莲座状、叶丛呈垫状，密集生长在山包顶部通风处，高度不足1厘米，具体是哪个种还无法准确判断。有人说它是长叶点地梅、西藏点地梅、白花点地梅，但仔细检查都对不上号。可以排除的是点地梅、北点地梅，这两种在崇礼也有分布，但特征明显，容易区分。桦皮岭一带的点地梅，一种接近白花点地梅，一种接近西藏点地梅。前者多后者少，前者矮后者高。为指称方便，暂以"崇礼山包点地梅"称前者，不算命名。

第一次遇见"崇礼山包点地梅"，是在2020年8月26日，对于崇礼来说算是深秋了。在草原天路开车闲逛，停车到光秃秃的山梁上转，除了香青兰、星毛委陵菜（*Potentilla acaulis*）、草地风毛菊、狗娃花、猬菊外，几乎再无能吸引人的植物。突然发现在地表石缝间有大量垫状植物，叶细小而有白色长茸毛，叶片莲座状排列，如小花一般，每朵"花"上有小叶20—35枚。外表上看有点儿像景天科的多肉植物。找到种子，才确认是报春花科点地梅属植物，但判断不了是哪个种。

回想起来，之所以此时"看到"了点地梅，与最近（2020年7月25日、8月25日）在昌平区长城峪东北方向山梁处（海拔1050米）看到的一种点地梅有关。正在拍摄达乌里秦艽，被草丛中的点地梅迷住，初步考察它可能是白花点地梅（*Androsace incana*），但仍然有疑问。在花盆中栽种，植株柔弱，高度8厘米，花冠纯白色，裂片相对狭长（与后来在桦皮岭看到的不一样），宛若石竹科蝇子草的花瓣。现在又来了一种点地梅！两种都没有看到花，虽然这个属的花许多都差不多。于是就定好了，等2021年春季到来，一定不漏掉花期。设计了一个行程：京礼高速到赤城龙关，经赤城县和云州，再到草原天路东段，在桦皮岭看点地梅。2021年4月22日为

"世界地球日",与往年一样,10点半到12点受校环保办邀请,和孟老师一起带师生在校园认植物。据说今天是第52个地球日,主题是"修复我们的地球"。特别不喜欢"修复"两字。在微信上吐槽:"别再修理了,从来就自以为是,越修越糟。人类少折腾,世界就安好。地球日,宜倡导尊重地球。"不久,有人告知,今年地球日主题的英文是"Restore Our Earth"。这明明是"恢复",怎么成了"修复"呢?"恢复"的主体是大自然自己,而"修复"的主体则是高傲的人类。

活动结束,顾不上吃饭,驱车北上,先到赤城龙关镇看重光塔。明万历名将杨洪收复塞北河山后,重修龙关的普济寺塔,改名重光塔,现为全国重点文物保护单位,周围为居民区。非常顺利地绕塔拍摄一番。塔北是龙关卫生院大院,进院后从北向南拍了几张。感觉到卫生院楼上平行拍摄效果可能更好,于是得寸进尺,迈步进了楼,一层穿白大褂的关大夫负责登记。关大夫人不错,得知我想到楼上拍重光塔的照片,不但没有拒绝,还叫来马小姐让她带我上楼开门。卫生院西北角还能看到已破旧不堪的旧城门。天色还早,由龙关沿Y080乡道向北,转Y084乡道向西北行进,直奔赤城的窑湾村,想试探一下"由窑湾村到四台嘴乡桦林子村"上次没有走通的山道。为何要不断尝试这条线?它在崇礼的南部,与太舞滑雪场、喜鹊梁、多乐美地滑雪场、高铁线路都非常近,亲自走一遍有助于查清这一带地貌、植被等信息。地图上赤城县龙关镇窑湾村距桦林子村直线距离仅7.7千米,距玉石梁7.1千米,距太子城高铁站10.8千米,距塞北滑雪场下部崇礼区四台嘴乡"窑子湾村"(不同于"窑湾村")8.6千米,但地表皆为高山。不过,注意最后一项:赤城县龙关镇窑湾村(海拔1450米)与崇礼区四台嘴乡窑子湾村(海拔1550米),一个在东南,一个在西北,中间是高耸的山岭,但距离甚近,海拔差别不大。现在打通10千米以内的隧道,根本不算个事儿。建议有关部门,将来设计一条道路,由龙关镇的窑湾村,打一条隧道通西北部的窑子湾村，再经东坪村、马丈子村、三道营村、二道营村，最后到头道营村。头道营村位于G95交汇点，现在此处向西已经打通隧道直通红旗营乡，交通方便了许多。如果全线贯通，从北京到崇礼就更直接了。理论上崇礼区的交通枢纽应当在头道营村，而不是现在的太子城和西湾子镇。

4月22日下午尝试，结果还是失败，这次还是没走通！上次因为积雪，山路较滑，不得不退出。此时雪早化了，但山路更不好走，路面是棱角分明的大石头，凹凸不平，担心轮胎被刺破。估计这条线很久没车通行了，有机会步行试试。山坡丝毫没有变绿的意思，见两株正开花的中国黄花柳，小小高兴一番。询问一个当地人，他竟然不知道此路可能抵达四台嘴乡。只好返回龙关镇，中途在里口村停下观察戏楼，与河北大学驻村扶贫的刘老师攀谈一阵。他说村里年轻人基本都走了，这里也缺水，发展前景不明朗。

第二天4月23日一早5点半从赤城出发，目标是点地梅。抱着试试看的心态，从赤城向北，过云州，走X403县道，过马营乡，顺利转到归沽源县管理的草原天路东段。东段全长119千米，其中116千米在沽源县（北起平定堡镇双脑包乡），西南部最后3千米处于崇礼、张北、沽源交界区，而我想看的点地梅就在这附近。

这是个阳光明媚的早晨，天路上只有我一辆车，除了旋转的发电风机声，没有其他声音，风也特别小。随便在一处开阔的路边港湾停下来，不经意间发现草地上有许多紫色小花，非常矮，像是只有花头没有"脖子"（茎和花葶）的仙子，洒在地上。毛茛科白头翁属无疑，花葶总苞片和花瓣背部有密集的长柔毛，早晨天气寒冷，上面凝了白色的小水珠，有大有小，好似白霜。通过这个办法，植物能够大量收集空气中的水分。这招显然很有用，早春的塞北草地比较干旱，植物生长十分缺水，白头翁利用温差自己集水的策略显得十分高明。

第二次停车时，估计能见到点地梅，但不敢保证有花，花大约还没有开。但是，迈出几步就有意外惊喜：点地梅竟然开了！草地上有约不到三分之一的点地梅开始开放。与白头翁一样，它也在收集水分。雪白的 5 瓣小花，虽然没有长柔毛的帮助，上面却成功地托着冷凝来的水珠，叶边缘和叶背面还挂着一些水珠。最大的水珠约占花瓣的四分之一。一片花瓣上面通常有 12—20 个水珠，一朵花上就有 60—100 个水珠，如果算上背面挂着的水珠，一朵花上就有约 90—150 个水珠！点地梅的叶上也有水珠，但比较小且少，看来它主要靠花瓣集水。生命需要水，没有水怎么办，生命自己想办法。此时的草地整体上依然灰秃秃的，点地梅现身的地方，显现了生机，水汪汪的。

脑子里想象着一周后这里会是什么样子，点地梅会全部开放吗？6 天后的 4 月 29 日再次到来时（从西湾子镇上高速 G95 在桦皮岭下），自然条件完全不同。一分钟前还是大晴天，突然狂风大作。两件衣服外面再套上厚棉袄，脖子上戴上滑雪用的脖套，但是依然感觉冷。温度并不算很低，0℃左右，体感温度却在 -15℃以下。风中夹杂着雪粒，对，不是雪花或雪片。严格讲也不是圆粒，而是类似泡沫塑料粉碎后的白色碎屑物，颗粒有大有小，都不规则，断口呈分形。这种雪粒倒是非常白，但刮在脸上就像针扎一般，只得背着风观察、拍摄点地梅。雪粒迅速积聚在点地梅鲜花周围。对它而言，这般骤变的天气，见怪不怪了。坚持了不足十分钟，我赶紧上车暖和、缓和一下。在接下来的时间里，一会儿晴、一会儿阴、一会儿狂风加雪粒、一会儿又阴下来，然后又变来变去。能见度不断变化，在十米到几百米之间。先后"出舱"（从汽车里出来）三次，该拍的都拍了。估计有一多半点地梅在开花，预计花期能持续到 5 月中旬。此时上次见到的那种白头翁已长出密密麻麻的叶子，但还未伸展开来。

担心雪下大，山路行车危险，立即原路返回，在桦皮岭上 G95 高速，直奔张家口。到了张家口温度升到 18℃！回到北京温度为 22℃。

点地梅的花并不娇艳,平铺的花瓣像个小盘子,中心有个小孔,从外面甚至看不清花蕊。但它像天文学家、天体物理学家想象的黑洞模型,有一种内在的吸引力,几乎没有人敢说点地梅属植物的花没有气质。每种点地梅都有其特别的灵气,塞北草原的点地梅紧贴早春荒凉的大地,承受了阳光、风雪,它的美丽无可挑剔。

2021年5月3日,与林秦文一起专程到昌平老峪沟察看一种点地梅。此种已经观察了半年多,还栽在花盆中观察了一阵,现在终于可以确定它是白花点地梅。它的叶很特别,四季当中可以变化:夏秋季是外表光滑、呈针状或长披针形的叶,而冬春季是被满柔毛的三角形或长三条形短粗叶,显然是适应温度变化的结果。密集的柔毛可以保温。栽培在花盆中,植物的高度变化很大,是野外的一倍以上,几乎没有风吹,锻炼少,植株柔弱。可以肯定的是昌平这种点地梅与崇礼桦皮岭一带的完全不同。昌平这种白花点地梅还跟著名的菊科单种属植物莎菀(*Arctogeron gramineum*)长在一起。

蔷薇科星毛委陵菜,它是草地上的常见物种。2020年8月26日。

上图　昌平区的白花点地梅，平展于台纸上。

左下图　草原天路东段的一种点地梅。2020年8月26日。

右下图　昌平区的白花点地梅。2020年8月25日。

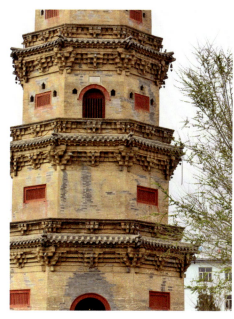

左上图 赤城县龙关镇的明代重光塔,从龙关镇卫生院二楼拍摄。2021年4月22日。

右上图 重光塔局部。2021年4月22日。

下图 赤城县龙关镇"窑湾村"至崇礼区四台嘴乡"窑子湾村"之间,若打通一条隧道,南北交通将十分方便。

上图　草原天路东段草地上的毛茛科某白头翁，可能是细叶白头翁或蒙古白头翁。早晨，植株上冷凝（收集）了大量水珠。2021 年 4 月 23 日。

右中图　白头翁属植物总苞和花瓣上冷凝的水珠。2021 年 4 月 23 日。

左下图　放大图片可以看清花瓣背面长柔毛上的水珠。2021 年 4 月 23 日。

右下图　白头翁花瓣人为反折后拍摄的照片，花瓣正面也有少量冷凝的水珠。2021 年 4 月 23 日。

上图 此时桦皮岭的大部分点地梅还没有开放。2021年4月23日。

中图 2021年第二次拜访桦皮岭看到的点地梅属植物，此时天还晴朗。2021年4月29日。

下图 刚开始下雪，雪落到点地梅属植物上化作水珠。2021年4月29日。

左页图 狂风带着雪粒（雪碎屑）刮来，迅速洒满山坡，点地梅毫不畏惧。2021年4月29日。

左上图 白头翁属植物此时已经长出叶子，但还未舒展开。2021年4月29日。

右上图 昌平区的白花点地梅。2021年5月3日。

左下图 菊科莎菀，单种属植物。叶狭长，似莎草科植物。冠毛多层。2021年5月3日。

左页图 桦皮岭东部草原天路上的一种点地梅。2020年8月26日。

本页图 昌平区与白花点地梅长在一起的龙胆科达乌里秦艽。2020年8月25日。在张家口各区县也经常能见到此植物。

4.14 由东南向西北横穿崇礼区

崇礼到底有几种点地梅属植物？坦率说，不知道，需要一点儿一点儿确认。感觉至少存在四种。现在大约能够确认三种：点地梅、北点地梅、阿拉善点地梅。另一些可能是长叶点地梅、大苞点地梅、白花点地梅、西藏点地梅。

2021 年 5 月 12 日早晨 5 点半从肖家河出发，沿 S3801 高速向北，从龙关镇进入崇礼，此行想确认崇礼早春的几种植物。预计的行车路线是：太子城、马丈子、头道营、红旗营乡、石嘴子乡、察汗陀罗、五十家、接沙坝、草原天路西入口、汉淖坝。大致相当于由崇礼的东南部向西穿越到西北，中间翻两座山，将第一次走 Y100 乡道。

此行有点儿特殊的背景，我脖子不久前长了一个瘤子，还没有确诊。校医院做 B 超的医生觉得不很好，最坏可能是淋巴瘤（没有直接跟我讲），建议到人民医院复查。北京的医院众多，但挂号非常难，好不容易于 10 日在人民医院看了第一次，医生开出化验单，等 5 天后出结果再判断。从人民医院出来进西直门地铁站，见一幅公益广告："只能做到'尽人事而听天命'，一个人才能永远保持心情的平衡。—— 季羡林"。我不能干等着，趁病情还不严重，把已答应的事情做完。第一考虑今年毕业学生的事，第二最后完成崇礼书稿。"屋漏偏逢连阴雨"，华为 P30 Pro 手机镜头出了问题：不聚焦，连二维码都扫不了，进商场、医院都成问题。急忙启用没有扔掉的 Mate 9，暂时解决问题。这么旧的手机用起来竟然十分流畅，换言之根本不需要频繁升级。

天气阴沉。从赤城出口下 S3801 高速，由龙关镇向北，过西青羊沟村，垂直穿越高铁线上山。赤城与崇礼交界处的山坡阳面，除了人工林外依然是土灰色，细看才能找到几丝绿意。地表偶尔有地榆、蓬子菜发出嫩芽。一株馒头状的野生梨树开满了花，走近瞧有些花瓣前缘被冻伤，说明夜间温度很低。8点40分来到山梁分界处，地面有大量十字花科葶苈，每次见到这种植物就会想起利奥波德的那段著名描写："那些渴望春天、眼珠朝上翻的人，是不可能瞧见葶苈这种小东西的。那些眼皮朝下、厌倦春天的人，脚踩上了它，还不晓得。只有那些蹲在泥地上仔细探寻春天的人，才能发现它，竟然到处都有。"总体而言，山梁上发芽、开花的植物种类很少，最主要的几种是葶苈、细叶白头翁和某种堇菜。

小心翼翼沿山梁向东行进，之前有雪不敢行车，此时草地露出，行车方便。十几分钟后绕到了四道梁东侧的鞍点。此处海拔1960米，向北可望见"雪如意"，古长城随山势起伏，只有一个烽火台还残存着三米高的台墩，青砖四处散落。向东望去，满眼是植树的土坑，这样的高海拔山梁根本不应当植树，机器挖坑已经严重破坏了几千几万年缓慢积累起来的薄薄土层。徒步登上西侧海拔2060米的山头（即"望山"的顶部，参考2.3节），它的正北方就是太子城遗址。山头土层更薄，植树坑下面都是岩石，所植的松树有一小半树皮被动物啃过，成活者不到四分之一。一株中国黄花柳才开花，它给这死气沉沉的山头带来一点儿灵气，透过柳枝远望，太舞滑雪场和滑雪小镇才不那么难看。地表开花的只有莓叶委陵菜（*Potentilla fragarioides*）和雪白委陵菜（*P. nivea*），数量都不多。

开车下山，转到太舞滑雪小镇"营岔村"西侧山沟，在"营苍山泉"旁边阳坡看植物。几年前在这里专门考察过。只有粗根鸢尾一种植物在开花，此植物花的颜色多样：白色、蓝色、蓝紫色，以后者为代表色。它们的根都一样，肉质，呈放射状排布。水库南侧阴坡温度低，北重楼、北乌头和高乌头长出了茁壮的嫩苗，偶见蚊子草和白花碎米荠。

从太子城村向西下行，两侧山坡数以百万计的榆叶梅刚刚开放，恰如4月28日人头山的情形。同为崇礼区，南侧与东南侧的物候竟然相差十多天。崇礼区山坡上榆叶梅的数量和地位大约与北京昌平的山桃相当。过转枝莲、马丈子、三道营、二道营、头道营，继续向西，穿过新修的黑山湾隧道和小坝沟隧道，又见一些废弃的民房。接近红旗营乡西双台村，新道路仍在修建，从北部绕道进入 Y100 乡道继续向西。乡道很窄，但质量不错，几次停车上山看植物，多为粗根鸢尾、糙叶黄芪。14 点 40 分在石嘴子乡临街的山西刀削面饭馆吃午饭，要了一盘饺子。煮七分熟就端上来了，没好意思抱怨，有吃的就不错。

向西南下行，从 X406 到 X407，奔向下察汗陀罗村和察汗陀罗村，大概是第三次走此路。与上次经过时不同之处在于，此时村中兴起了基建热，到处是工地，街上堆满了几米高的红砖和沙石。路边阴坡此时开花植物主要为红花锦鸡儿（*Caragana rosea*）、蒙古绣线菊（*Spiraea mongolica*）以及多种颜色的粗根鸢尾。

忽然下起小雨，急忙向接沙坝方向行进，估计今天无法到汉诺坝仔细察看了。在半坝村路东见豆科缘毛棘豆（*Oxytropis ciliata*）、山泡泡（*O. leptophylla*）和糙叶黄芪，前者较少，后两者很多。雨越下越大，只好直奔张北县城宏昊大酒店入住，这里的好处是院子大，便于停车。晚间特意到香驴坊吃驴肉火烧，这里竟然 24 小时营业。

13 日 6 时 10 分，气温 11 度，未吃饭就开车直奔汉诺坝，今天下午前要赶回北京，为了我学生翻译的《阿米什》（*The Amish*）一书约好了与出版社领导见面。坝上的春天似乎还未到来，沙棘只现出了花苞，山杏刚开花，长城边的坡地上某种点地梅很多，但每一团（一株或数株）的面积都不算大，至少没有桦皮岭的大。突然发现，与桦皮岭的不一样，这里的像长叶点地梅或阿拉善点地梅，有主根且细长，叶线状披针形。草地上也有少量粗根鸢尾和大量棘豆属山泡泡在开花。沿南北向的长城，即汉诺坝，行走了约 40 分钟。再向南来到坝底。此处仍在施工，诸多大型机械在整修河道。西侧山坡上囊花鸢尾、紫苞鸢尾、紫筒草（*Stenosolenium saxatile*）在开花，瑞香狼毒则刚长出嫩苗，花序还未展开。囊花鸢尾看似粗壮，它的根却十分细小。

8点10分，决定返回北京。向北退回到草原天路西入口，在野狐岭入口进高速，沿G1013、G6回北京。此行最大收获是比较了崇礼几个乡的物候差别，看到了不同于桦皮岭的点地梅。

左图 早晨8点40分站在赤城与崇礼分界的山梁向南（龙关镇方向）看到的群山。左前方交叉点为赤城的三岔口。2021年5月12日。

右图 2021年5月12日早晨考察路线图。ABCD为高铁线路，这段大部分为隧道；S为赤城县龙关镇的西青羊沟村，从这里穿越高铁路线（M点），向西北上山进入崇礼区；O点为山梁的一个鞍点，西侧是太舞滑雪场（T）；沿OPQ向四道梁方向行进，R处为一个鞍点，这里有三米高的烽火台残迹，在R处向北俯视可见"雪如意"；沿QPOX向北进入太舞滑雪小镇、太子城高铁站、马丈子、头道营等。

左上图 四道梁东部鞍点处的残存的一个烽火台，右前方下部为冬奥会赛场"雪如意"和"冬季两项中心"。

左中图 在鞍点处向北，用105mm镜头看"雪如意"。拍摄点下方靠东一点儿就是高铁线路的隧道。

右上图 破坏高山草地的植树活动。

下图 赤城与崇礼交界的四道梁山梁的"植树政绩"，这地方本来就应该长草，强行种树违背自然规律。

左上图 蔷薇科雪白委陵菜。

右上图 太舞滑雪场的蓄水池。近处白桦林中草本植物很丰富，但此时多数还没有长出来。2021年5月12日。

左中图 太子城村东部转枝莲村附近山坡上野生的榆叶梅此时才开花。2021年5月12日。

左下图 红旗营乡小坝沟隧道西侧废弃的民房。

右下图 太舞滑雪小镇"营岔村"西侧山沟的粗根鸢尾。

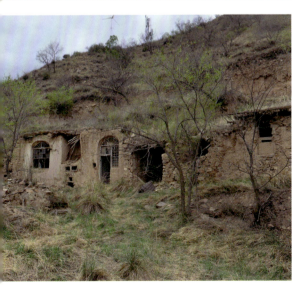

左上图 察汗陀罗村附近的蔷薇科蒙古绣线菊。

右上图 石嘴子乡六间房村的糙叶黄芪，周围有粗根鸢尾。

左下图 豆科缘毛棘豆，花纯白色。

右下图 豆科山泡泡，叶细弱。

左上图 张北县城的天主教圣母堂。

右上图 汉淖坝村附近的长叶点地梅（Androsace longifolia）。它不同于桦皮岭及草原天路上可见的几种点地梅属植物。

左下图 汉淖坝村附近的长叶点地梅，具单一、粗壮的主根。

右下图 紫草科紫筒草。

4.15 箭报春和山萮菜

如今，看病过程几乎等同于挂号（抢号）和等待。从周三（5月19日）到周五（5月21日）都在人民医院和海淀医院查体，据说还要不断地查，医生诊病主要看化验报告，而当面问诊只有几分钟，如此反复不免心烦。周六（5月22日）终于空出来，早晨5：40出发北上，准备至少在外面待两天。俗语有"三天打鱼两天晒网"，我是"三天看病两天看花"，这样也算适当平衡一下。如果总待在医院里，活得再久也没啥意思。

沿S3801，旋上"打了结"的盘山隧道，向北通过东侧的棋盘梁隧道，在太子城出口下，立即左转进西侧的棋盘梁隧道，出隧道后再左转直奔"新洞坑"。

除了风声便是难听的吱吱嘎嘎的风机叶片声。山坡上两株山杏正在开花，此时北京的山杏果已经长到直径1.5厘米大了！大部分花草刚刚冒出嫩芽。随手吃了一根酸浆，这是东北人的叫法，即蓼科常见植物叉分蓼（*Polygonum divaricatum*），华北的远不如东北的肉厚鲜嫩。东北春季早市上通常成捆出售，小时候上山人们也必然采食。一位年轻放牧人提着袋子，悠闲地挖着蒲公英（当野菜食用），他说今年有些干旱，菜长得不好。

开车向古长城方向靠近，潮湿的草垫附近是箭报春的理想生长之地，但此植物并非只生长在湿润的地方，甚至半干旱的山顶砾石堆中也有零星分布，落叶松小树丛边也很适合生长。箭报春与粉报春形态相近，后者更细弱些，在野外有时连续过渡。它们是不是形态变化很大的同一个物种？山脊附近的大多长得瘦弱，花莛纤细，常数株丛生，花球也比较小，有的甚至只有两朵花，但并不影响开花及花的美丽，甚至越是条件艰苦，越要尽早繁育出下一代。有箭报春的地方通常会有胭脂花，两者颇搭，但反过来并不成立。这里本没有路，因开发风电，崇礼高山的山梁上差不多都开辟了简易土路，四通八达，几乎能够抵达每个山头。人这个物种的电力需求有多大？多少算够？

左侧（西侧）是崇礼，右侧是赤城，残长城与土路一致呈南北向。明星植物除箭报春、胭脂花外，现在开花的就是鳞叶龙胆、萆苈、雪白委陵菜、莓叶委陵菜，后者既可生于荫蔽的林下，也可长于毫无遮挡的砾石间，数量巨大。金露梅小灌丛间偶尔有几株点地梅，花莛相对长些，也有相对宽大的叶子，不同于在崇礼已经见过的任何一种点地梅，比较像西藏点地梅。

由东翻到西，下山，在翠云山森林风景区北部山梁向西，新开辟的土路边长有大量二裂委陵菜、绢毛匍匐委陵菜和北点地梅，后者基生叶甚密，花莛刚伸出，还未开花。最终确认是半截路，退回到Y010乡道，接SL74省道，向西到西湾子镇尚品包子店"打卡"。

下午进富龙滑雪场西侧的张麻沟，目标植物为柳叶鼠李、一种茶藨子、一种荚蒾。在山脊迅速找到去年秋吃过其果实的茶藨子，恰巧在开花，确认是美丽茶藨子：萼片宽卵圆形，长于花瓣，先端稍钝；花瓣很小，鳞片状。山坡和山脊上短茎马先蒿（埃氏马先蒿）、耧斗菜、土庄绣线菊、巧玲花、蒙古栎、玉竹、蒙古荚蒾也在开花，但黄精和苍术、舞鹤草、漏芦还未开。顺便吃了两根叉分蓼。下山后大雨突至，混合着泥浆，半小时雨停，天空土黄色。返回时意识到，张麻沟的防洪有漏洞，沟谷平时干涸，可一旦下暴雨，后果可能很严重，甚至可能危及下面的伯顿庄园、富民园小区。

23日早晨6时30分，西湾子镇温度6℃，天空阴沉，弥漫着据说由蒙古国长途飘来的黄沙。在尚品包子店买一碗南瓜粥、4根大油条，吃1根，带上3根作午饭。在上窝铺村再次核实庙前的大树是榆树。北上桦皮岭，海拔2100米处温度只有2℃，大风不断带走身上的热量，在外面待不了十分钟。赶紧穿上后备厢中的棉大衣。当日晚间，忽闻甘肃越野比赛因不了解大自然，准备不足，竟然有21人失温遇难。

在桦皮岭海拔 1900 米以上多处见大量山荠蓂（*Noccaea thlaspidioides*），它是多年生的十字花科植物，原归在 *Thlaspi* 属，现独立出山荠蓂属 *Noccaea*。生长旺盛，植株在地表分支，上部不分支，应当考虑园艺驯化。近中午，有点儿饿，就着山荠蓂吃了一根半油条。这里的点地梅有两种：晚开花的是植株较高、稀疏生于草丛中的一种，像西藏点地梅；另一种贴地大面积生长的处于末花期。

下山由桦皮岭向南，在上白旗村沿 Y097 乡道向北，过芍药沟、白露窑、瓦房沟先后上山坡察看植物，东侧山坡岩石壁立，有四方节理，估计是花岗岩。开花的植物种类很少，除了堇菜属植物，主要是披针叶野决明（*Thermopsis lanceolata*）。在分水岭处向东上山顶，海拔 2000 米处见人工影响天气的"小炉子"。从风电场修路时开辟的剖面看，薄薄地表土层下是破碎的花岗岩。山顶草丛中有少量点地梅（有点儿像西藏点地梅）和山韭（*Allium senescens*），后者跟河北白石山上韭菜坪长的一样，但数量比不上。就着山韭又吃掉半根油条，开始下山。在岭北，坝底村东侧半山腰，路边的稠李已经盛放，上次经过时路边还挂着"冰溜子"，空中还飘着雪花。

23 日最后一站是喜鹊梁。经过头道营、马丈子、东坪矿区（一直修路）到塞北滑雪场。草地上仍有一些箭报春，紫花碎米荠接近开花，长毛银莲花刚长出嫩苗，不知为什么今年这一带野花长势不好。粗根鸢尾也没有往年多。为防火，各通道都新安装了铁栅栏。山顶风甚大，十分钟后翻山经过四台嘴乡向西南，路况极差，长达 20 余千米都被卡车压碎了，这里已成为崇礼区道路最糟的地方。黄刺玫从这一地区一直到大境门都大量分布，山坡土壤颇贫瘠，它却年年灿烂盛放。过长峪口村、东望山乡、双庙村、四方台村，在宣化上 G6 回北京。

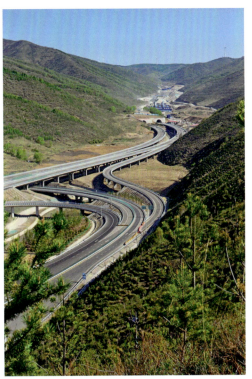

左上图 2021年5月22日上午考察路线图。T为高速公路S3801太子城出口，A为西侧的棋盘梁隧道，B为两株山杏所在地，CDE段残长城沿线有大量箭报春。左上角F向西山脊道路不通，必须折返。沿GH向西可至西湾子镇。

右上图 在太子城出口的东部小山上向北俯视，正前方（北方）是S3801正在施工的翠云山特长隧道。2021年5月22日。

下图 太子城出口东北部"新洞坑"山坡上山杏正在开花，此时是2021年5月22日，北京的山杏已经结出很大的果实了。

左上图 蓼科植物叉分蓼,东北称酸浆,嫩茎去皮后可当水果吃。

右上图 松林背村东部山梁附近的报春花科植物,有专家认为是粉报春,但也可能是生长得不太好的箭报春。

右中图 报春花科点地梅属植物,可能是西藏点地梅。它通常生长在稍高一点儿的草丛中,而不是在光秃的沙砾间或特矮的小草间。

左下图 报春花科植物,可能是箭报春或粉报春。

右下图 把点地梅属植物放在何瑞博士送我的色卡上,可以看到植株高约9厘米。采集于长城岭滑雪场东部南北向山梁的东坡,海拔2100米。

左上图 点地梅属植物标本。2021 年 5 月 23 日采集于石窑子乡坝底村东部山梁的南坡，海拔 2000 米。

右上图 蔷薇科二裂委陵菜。

左下图 匍枝委陵菜（*Potentilla flagellaris*）。

右下图 报春花科北点地梅的基生叶。

左上图 北点地梅标本。2021 年 5 月 22 日采集于长城岭北部山梁，海拔 1870 米。

右上图 茶藨子科美丽茶藨子，摄于西湾子街道张麻沟东部山梁。

右中图 五福花科蒙古荚蒾。

右下图 毛茛科耧斗菜。

左上图 壳斗科蒙古栎。

右上图 鼠李科柳叶鼠李。

左下图 桦皮岭附近的狮子沟乡十一号村,这一带有连续编号的若干村庄。

右下图 桦皮岭的十字花科山萮菜,多年生草本。

左上图 十字花科山菥蓂。

右上图 十字花科山菥蓂。

左下图 桦皮岭的一种点地梅仍然在开花。2021 年 5 月 23 日。

右下图 白旗乡瓦房沟村 Y097 乡道边的豆科披针叶野决明。

4.16 毛山楂、红花鹿蹄草和兴安繁缕

2021年6月2日至4日到崇礼看花，凤凰卫视跟拍，事先询问路线安排。我个人一般没有正式的路线设计，即使有也可随时调整。拍摄团队十几号人，毕竟与我一个人活动不同，总得有个计划，于是顺手画了三张图，列出如何行车，在哪儿重点搜寻什么。

第一天上午目的地是汗海梁，事先查电子地图，上山的一段始终显示断路，怀着侥幸心理，决定我一人驾车先试一下。由把图湾下高速G95，S242依然限速30千米/小时。在西湾子镇瓦窑村向南由小路进山，8点45分路过废弃的窑上自然村。路边有一保存尚好的花岗岩碾子和碾盘，大麻和麻叶荨麻生长在周围，石墙缝隙中有费菜和卷耳，榆钱儿还未变黄。过王子府村和红花背村，一切还正常，并未断路，而且天气晴朗，与之前一直预报的阴雨完全不同。但是土路越来越湿软，偶有积水，说明山上经常下雨。车轮开始下陷、空转甚至侧滑。冲沟变深、大石块增多，估计很难抵达山梁。终于在一个陡坡中途，车子再也无法上爬，调头返回也不可能。路太窄，根本没有活动余地，坡也太陡，只得小心地退回。弃车步行呢？稍分析，风大，小路泥泞。决定放弃登顶汗海梁，这次来崇礼大概不宜登此山。希望6月中下旬还有机会再登。

找了个有信号的地方，通知凤凰卫视团队取消登顶计划，在附近的沟谷观察。凤凰卫视第一小队乘高铁，在太子城出站已租上越野车，正在赶来。沟中小冰川还很厚，一周内不会化掉。山荆子、稠李、蒲公英盛放，蔷薇科毛山楂（*Crataegus maximowiczii*）长出花序，距开花还远。石竹科毛脉孩儿参、报春花科胭脂花、蔷薇科莓叶委陵菜（多且抢眼）、十字花科荠薹和紫花碎米荠正在开花，顺手采了一把后者，中午请大家吃野菜。毛茛科兴安升麻和菊科乳苣

也有一些，太苦，估计别人享受不了，就没动心思；唇形科糙苏苗壮的苗子15厘米高，亦甚苦（多年前特意品尝过），自然也没有采。白桦林中零星分布有狭苞囊吾、库页悬钩子、美蔷薇、黄芩、麻花头、棱子芹、蚊子草、风毛菊、毛脉酸模和羽藓科锦丝藓，后者贴地生长，很薄。10点半与凤凰卫视团队第一小队在红花背村会合，双方开始进入工作状态。

  运气还好，刚下坡即在河边见到囊花鸢尾、三花顶冰花，紧接着又看到一大片杜鹃花科红花鹿蹄草（*Pyrola asarifolia* subsp. *incarnata*），算是"人品爆发"。去年干枯的总状花序和下垂的蒴果都保持完整，宿存花柱长钩状。红花鹿蹄草在华北一带并不容易见到，即便见到量也不很大。附近毛茛科长瓣铁线莲接近开放。又采了几种野菜，故意没多采，一样只有几根；碗蕨科蕨，刚长出来，10—15厘米高，甚少，没有采。中午在西湾子尚品包子店就餐，请服务员用开水焯熟刚采的野菜，种类如下：豆科歪头菜、十字花科紫花碎米荠、毛茛科唐松草、菊科山尖子，味道最好的是后两者。下午向东走小东梁一线（2020年国庆节在山梁见龙胆科翼萼蔓，茎左手性，蒴果，种子宽翅状如榆钱儿，直径约1毫米）。在密集的纯山杨林中见兰科舌唇兰属，十余株，未开花，无法判断是哪个种。在山梁停车几次进林中观察，多为北乌头、高乌头、莓叶委陵菜、舞鹤草、柳兰、胭脂花，偶见三花顶冰花。穿越云顶滑雪场，下行至太子城和太舞滑雪场。车队在水池附近被拦住，据说是为了防洪。白桦林阴坡中，有两株长毛银莲花已经开放，此外北京假报春、北重楼、金花忍冬（*Lonicera chrysantha*）均未开花。三花顶冰花只见几株，数年前此处很多。

  6月3日先上桦皮岭，向东行进，检查高山植树对生态的破坏情况。草坡上豆科窄膜棘豆（*Oxytropis moellendorffii*）盛放，越往高处越多，仍有少量点地梅在开花。向南返回，上西南侧山包，箭报春、山泡泡、胭脂花盛开。在顶部品尝新鲜的山菥蓂，花岗岩石缝中石竹科兴安繁缕（*Stellaria cherleriae*）已经开花，丛生，近垫状，高约2厘米，叶片线形或线状倒披针形，花瓣白色2深裂，裂片线形，长约为萼片的一半到三分之二。附近景天科华北八宝较多，此时高不及1厘米。转而上东侧山包，即桦皮岭最高峰，两种点地梅仍有少部分在开花。山薤甚多，示范采集了一个标本，主要是挖出其长根，用纸压好。再向西沿Y001乡道走草原天路。温度不算低，风甚大，感觉很冷，虽6月初却像是在"早春"。坝上风车下正在开花的主要是开黄花的雪白委陵菜、开白花的某点地梅（茎相对高些，叶长，花瓣微粉，茎上有毛）、开紫花的蒙古白头翁（花葶细弱而倾斜，叶密密麻麻，花暗紫色）。在新地梁十字路口左转向南走Y094，在板申图村58号就餐。品尝了我采集的野菜薤，蒜泥凉拌。下午沿Y097翻山，在垭口处沿土路向东北方向到达最高点，再次观察山韭。在蒙古语中，野韭菜即"海拉尔"，于是可以称大家来瞧"海拉尔"。返回时遇到四个年轻人采集一种"苦菜"，原来是毛茛科兴安升麻，此植物的确非常苦，东北人称之"苦龙芽"。在白旗乡进上窝铺村看壁画和废弃的窑洞。凤凰卫视编导李异很厉害，到村民家里迅速拿到钥匙，大队人马得以名正言顺地从门口迈步进入（而非爬入）关帝庙参观。在黄土坡前观察废弃的窑洞时，一位摄影师中招麻叶荨麻（*Urtica cannabina*），手背火辣辣的，这种植物最喜欢生长在废房舍旁。其实它与同科的许多种类都是美味野菜，比如麻叶荨麻嫩苗可用来炖土豆。

6月4日先到高家营乡乌拉哈达村看"德胜盘"石刻，再看啕南营的古戏台。后者周围已经清理了许多，羊圈等早已拆除，北部和东部都清理干净。过五十家，在半坝进草地复查上次见过的缘毛棘豆，绝大部分已经结出囊泡状的果实，个别还在开花。经草原天路西口转折向南，直奔新窑子村，即原来的汉淖坝村。登上南北向的古长城（玄武岩石垒），开花的植物仅为瑞香科狼毒，原来很多的某种点地梅，根本就找不到了，好似突然隐藏起来。由此也可以估计它与东部桦皮岭的两种点地梅都完全不同。躺在汉诺坝地层的中间地段，眯眼望向远处和天空，光影随云朵变幻，晒着太阳做完最后一段采访，结束三天的全部任务。不知怎的，平静地说到硕士导师和老父亲相继离世时，差点哭出来。

过张家口大境门，经五一路，上 G95 高速返京，吃掉主持人忘记在车上的包子和鸡蛋。忽然想起王维的几句："草色全经细雨湿，花枝欲动春风寒。世事浮云何足问，不如高卧且加餐。"

上图　西湾子镇王子沟"窑上"自然村废弃的民房。2021 年 6 月 2 日。

左下图　"窑上"自然村的碾子，周围野草主要有大麻、麻叶荨麻、藜和轴藜。2021 年 6 月 2 日。

右下图　蔷薇科毛山楂，背景为未消融的小冰川。2021 年 6 月 2 日。

左上图 羽藓科锦丝藓。

右上图 杜鹃花科红花鹿蹄草。

左下图 红花鹿蹄草上一年的果序。

右下图 红花鹿蹄草的花葶和花序。

左上图 红花鹿蹄草标本。2021年6月2日采集于汗海梁西侧山坡。2021年6月19—21日顺时针移动,在内蒙古察哈尔右翼中旗、化德县和河北省康保县、沽源县看植物。22日由崇礼西湾子再访汗海梁。顺利到达山顶,上次未成功。山顶部野花没有想象的丰富。重新踏勘了有红花鹿蹄草的阴坡,半个多月过去,依然盛放,花期可谓较长。这片红花鹿蹄草面积较大,绵延一平方千米左右。

右上图 忍冬科金花忍冬。

右中图 豆科窄膜棘豆。

右下图 山萮菜标本。2021年6月3日采集于桦皮岭。

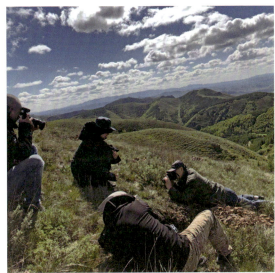

左上图 石竹科兴安繁缕。

右上图 凤凰卫视《名人面对面》节目组"青山志"系列专题片拍摄现场。虽然已是 6 月,但依然很冷。2021 年 6 月 3 日,桦皮岭附近山坡,李异摄影。通过"凤凰卫视、青山志、博物、刘华杰"等关键词可在网络上找到两集相关视频。

左中图 蔷薇科雪白委陵菜。

左下图 报春花科某种点地梅,Y097 乡道东侧山脊上。

右下图 "德胜盘"石刻旁边峭壁上生长的著名菊科植物"山蒿"。再重复一下,它与谭卫道神父有关,1862 年他在西湾子采集了此植物标本,参见本书 4.8 节。

左上图 豆科缘毛棘豆。2021年6月4日摄于半坝村附近。

右上图 汉诺坝玄武岩。2021年6月4日。

下图 汉诺坝最高处的长城和榆树,由北向南拍摄。此处可以每年拍摄一张以比较变化情况。2021年6月4日。参见1.6节(第51页上图)。

第 5 章

内外一统

人事有代谢，往来成古今。

江山留胜迹，我辈复登临。

——（唐）孟浩然《与诸子登岘山》

大境门是河北省张家口市的标志性景点。它位于张家口城区的北部，名"门"实"关"。其东为东太平山，其西为西太平山，古长城呈 V 字形在山脊上呈东西向分布。附近最大的一条河流"清水河"由北向南穿过此隘口。1644 年（明朝崇祯十七年，清朝顺治元年，农历甲申年）春季李自成攻陷北京，明崇祯皇帝景山自缢，夏季多尔衮率大军进京，秋季顺治帝自正阳门入宫。就在这个甲申年，清政府于明长城张家口堡附近开筑大境门，此时，位于清水河边的这个长城关口已经失去防御工事的作用，成为商道贸易税收和人员往来的管理站。1675—1705 年间康熙皇帝多次经过大境门。

因经常到张家口崇礼一带观赏野生植物，偶尔也关注一下这里的人文地理。清代时人们从北京到崇礼（当时叫西湾子），没法沿如今的高速 G95 钻过大华岭隧道，从东侧直接抵达西湾子镇（今崇礼区政府所在地），只能经过张家口的大境门向北再向东转弯才可以。《清实录》记载，康熙三十五年丙子九月，"戊寅，上驻跸宣化府。己卯，上驻跸下堡。辛巳，上出张家口，驻跸察罕拖罗海地方。"翻译一下就是：1696 年 10 月 20 日康熙皇帝暂住今日张家口市宣化区。第二天到了今日张家口桥西区堡子里，住两晚。于 23 日向北出大境门，再一直向北行进约 20 千米，住到了今日张家口市崇礼区石嘴子乡察汗陀罗村。

一个偶然的机会，我从资料中了解到大境门北部不远处山崖上有"内外一统"石刻。想更多地了解一下相关信息，却发现有许多含糊之处。初查，它是康熙年间作品，石刻内容用意大致清楚，但关于作者身份却有相互矛盾的叙述。

5.1 民国《张北县志》的叙述

多种资料提到，清代"内外一统"石刻附近还有"万国来朝"石刻。这恰好与明代东太平山的一对石刻相呼应，乾隆《万全县志》提到："惟来远堡东山有'蒙海朝宗'四字摩崖刻石其上，又有'华彝界限'四字，大抵亦明人笔也。""内外一统"与"华彝界限"同构，"万国来朝"与"蒙海朝宗"同构。巡抚汪道亨命名的"来远堡"，也称上堡，位于西境门（小境门）南四十米处，始建于明万历四十一年（1613），东侧便是清水河。这一带还有"蒙疆神社""七里山渠"等现代石刻，此处从略。

下面只考虑"内外一统"，它在大境门北部的正沟。出大境门，西侧有西沟，是古商道"张库大道"，直行则是正沟，通往崇礼。两沟均有相应的河流，在大境门汇聚成清水河。

《张家口文史资料》第十一辑转载《张家口日报》一篇文章，作者以第一人称叙述了考察大境门外"内外一统"石刻的经历。文章中说"峭壁雄峨，巉岩突起，壁间镌刻着'内外一统'四个方桌大小的汉字，旁题：'康熙三十六年孟夏'"（张崇发，1987：52）。什么人为什么作此石刻呢？作者张崇发接着写道："噶尔丹变本加厉，竟寻找借口，进军内蒙［古］乌珠穆沁境，并将军队深入到乌兰布统（今赤峰一带），严重威胁着京师的安全。面对这种形势，康熙只好三次率兵亲征，第三次就在康熙三十六年（一六九七）——正好与'内外一统'的旁题相符。"（张崇发，1987：53）至此，说得似乎合乎情理。接下来张崇发文中写出了更多故事。"康熙取得胜利后，仍率兵自鄂多里经归化（注：今呼和浩特）进张家口，七月，也就是孟夏的时候，康熙皇帝巡视塞外。张家口人民拥护康熙皇帝讨伐叛逆、统一祖国的正义行动。为了欢迎凯旋的康熙及其军队，当时的张家口军政及宗教界人士，提前削山、凿龛、刻石，准备迎接仪式。"（张崇发，1987：53）"遗憾的是，据说康熙皇帝当时并没有看到欢迎他的巨大石刻。当他听到了在正沟准备了隆重的欢迎仪式后，可能出于保密和安全的原因吧，突然改变了原来的行走路线——从正沟西边的元宝山山涧小路上穿过，而没有从正沟通行。"（张崇发，1987：54）这里多处露出破绽，比如把孟夏与七月挂钩，其实孟夏是农历四月，跟七月没关系！关于张家口人民心情、康熙是否看石刻的描述等过于细致，令人怀疑其真实性。

同一辑《张家口文史资料》还刊出一则未署名短文《一块匾额的由来》，对刻石动机的描述内容类似："时逢康熙皇帝征噶尔丹，胜利归来。听说圣驾回京要路过张家口正沟，张认为良机已到，于是连日在峭壁明显处，赶书'内外一统''万国来朝'匾额，奉迎祝贺，做［作］为进身媒介。谁想到事不遂愿，康熙凯旋时没走正沟，而是从西沟回来，匾额当然也就无从看到。张自成空用此心，一气之下致郁而死，匾额至今还留在山麓。"（佚名，1987：92）上述文史资料中哪些是有根据的，哪些是无根据的呢？接下来一层一层地展示。

关于康熙得胜归来另选路线、未见"内外一统"石刻一说，张崇发文并非首创，也可以说其写法有相当的根据。根据之一是《万全县志》："正沟石刻数款，为帝征北所做。"（转引自刘振瑛主编，2019b：170）根据之二是民国时期陈继淹监修、许闻诗总纂的《张北县志》。县志中有一条按语："'内外一统''万国来朝'均系张自成所书。相传该处士才学过人，书法劲秀，郁郁不得志。闻康熙新征喀［噶］尔丹，书此预贺，藉［借］为进身之媒介。不料凯旋时别走他路，空用其心以致郁抑而死。"（许闻诗，1935：卷二15）民国县志甚至信息量更大，除了上面张文提及的皇帝别走他路外，还透露了石刻作者的身份、处境、动机以及后来的死因。不管怎样，在这方面县志与张文相互照应。《张北县志》还说此石刻位于"张北县南九十里张家口北正沟内"，张北县现位于张家口北部，"系清康熙五十二年三晋处士张自成书其匾额，高约三尺宽约八尺，刻在山麓峭壁间"。小结一下，石刻作者张自成是山西人，身份为"处士"，最后因为不被赏识而去世。

但张崇发文与民国县志也有明显矛盾之处：一个说时间是康熙三十六年，一个说时间是康熙五十二年。如果是康熙五十二年，则与康熙亲征噶尔丹无直接关联。

5.2 张自成的身份

民国《张北县志》在介绍大境门外"卧龙亭"内的"龙亭碑"时，再度提及"内外一统"石刻。据此县志，相传康熙征噶尔丹时返至大境门，天色已昏暮，守门者说夜间不得入内，康熙无奈只好在外面卧宿一夜，第二天才得以进大境门。据说康熙非但没有怪罪守门人还嘉奖了他（许闻诗，1935：卷二100）。为纪念此事，后人修"卧龙亭"、立"龙亭碑"。"龙亭碑在张家口大境门路西岗上，系康熙年直隶总督周元理建立。此碑坐东向西而立，高约丈余。其文曰：御楼巍巍喜盐鱼，干河浇入雅琼关，东西两岫称太平，内外一统封北山，水流上谷阜民物，锁钥云中镇狄藩，皇恩浩荡垂千古，万国来朝观圣颜。"（许闻诗，1935：卷八536）此碑早已毁坏，这里不论。需提及，周元理（1706—1782）并非康熙年间直隶总督，而是乾隆年间直隶总督，任期为1771—1779年，曾受到乾隆多次表扬（侯丽娟，2004：129-155），因袒护下属而被降职。诗中的"内外一统""万国来朝"均指前文摩崖石刻。康熙三十六年（1697）周元理还未出生，康熙五十二年（1713）时7岁，乾隆二十三年（1758）任宣化知府（谢彦军，2000：84），任直隶总督时65岁。初步估计，周元理是在"内外一统"石刻已经存在半个世纪后才为龙亭碑作诗的。

为了叙述方便、讲起来动听，人们可能习惯于将零星的史料结合民间传说，编成完整的故事链。前面提及的张崇发文应属于其一。这样做的过程也留下若干矛盾。民国《张北县志》上写得清清楚楚，石刻作者是山西人张自成，两处提及其身份是"处士"。按通常的理解，"处士"是不愿意做官的有德有才之人，本身并非官员。这究竟是哪个张自成，他的真实身份如何？一名山西处士能随便在异乡的山崖间刻大字？

这位张自成在历史上应当有一定地位。在电子古籍数据库中搜索"张自成"，还真有许多位，排除清代之前与清康熙朝之后的，大致可以确认我们这里寻找的张自成确实是山西人。山西不同时代的《五寨县志》清楚地记载了一位跟张家口有关的张自成，而且用了较大的篇幅。

1992年出版的《五寨县志》是这样叙述的："张自成（？—1723），镇西卫西界牌村人。父亲在四川经商，很久不归。母亲吕氏病死。自成无所依靠，给人放牧为生。自成长大成人，决心到四川寻父。于是筹集路费，只身赴蜀。行至西羌州乃得父尸。因战乱不能归葬，遂就地埋葬。自成随即参军，随四川路总兵，追剿吴三桂之部，屡战屡胜。康熙二十二年（1683）长任遵义营千总，又晋升提标游击。后在四川甘孜一带平定叛乱立功，升威茂营参将，游秩西安潼关副将，川陕总督中军副将，张家口副将。康熙五十六年（1717）提升重庆镇总兵，复调宣化镇总兵，居官六年归乡，病死于家。""张自成死后，葬于五寨县南峰台下，其墓于1958年修建南峰水库时拆毁。"（武必泰主编，1992：409-410）

这一描述与乾隆年间居安堂藏版《五寨县志》中的记录完全一

致，只不过一个是白话文一个是文言文。乾隆年间版《五寨县志》是这样记述的："张自成，宣化总兵。""善袭怀远将军越三十年而卫有张自成焉。""自成亦镇西卫人，家世卫城西界牌村。父贾于蜀，久不归。母吕氏病死，自成幼无所倚，为人牧得其佣，走蜀寻父。其姑送之与以鏾纳诸怀，曰：'西蜀险道，自爱为重。'自成曰：'不得亲，无以身为也。'遂行至羌州，乃得父尸。会吴三桂反，不能归葬，遂葬其地，经略坝山谷石穴置以棺，四面石忽然凑合成陇。自成以为异，侧身行伍，随四川左路总兵进剿迁越守备，历提标游击，后以平炉蛮功所以擢威茂营参将，荐秩西安潼关副将，川陕总督中军副将，张家口副将。康熙五十六年擢四川重庆镇总兵，复调宣化镇总兵，居官六年致仕，卒于家。子文灿原任兵部郎中，次文爔甘肃参将，三文炳直隶真定府知府，四文燨荫顺天府通判，今升刑部陕西司员外郎。"（秦雄褒、朱青选，1751：25-26）"致仕"是退休的意思，张自成去世于1723年，即雍正元年。

张自成在陕西一带做官，别的县志也有明确记载。嘉庆年间版《续修潼关县志·卷之上·建置第二》："潼关协副将署在帅府街，明户科给事中孙振基旧第，借居五十余年，康熙四十八年副将张自成以价二百四十金置署始完备。"此县志"卷之中·职官第五·名宦"记载，张自成曾任潼关营协镇，后改为副将："潼关营，历代置守，明设协镇，今因之。""张自成，山西人，康熙四十八年任。本年改设副将一员，中军守备一员，千总二员，把统四员，外委把总五员，隶固原提督。"

乾隆年间版《宣化府志·卷之二十二·职官志五》对"张家口协副将"有专门解释，并且直接针对的就是张自成："张家口协副将：畿辅通志康熙二十九年设。张自成，五寨人，康熙五十二年任。"对"镇守宣化总兵官"的解释是："续宣化镇志，国初仍明制，称镇朔将军，康熙七年更给镇守宣化总兵官印。"山西五寨人张自成于康熙五十六年上任，之后奉天镶蓝旗人许国桂于雍正元年接任。《世宗宪皇帝实录》卷十三："直隶宣化总兵官张自成年老乞休，允之，以正黄旗汉军副都统许国桂署理直隶宣化总兵官。"张入新朝（雍正朝）急流勇退。另查《雍正敕修陕西通志》，有三则相关记录——督标中营副将：张自成，山西人，康熙四十九年任；西凤协营副将：张自成，康熙九年任；潼关营副将：张自成，山西人，康熙四十七年任。时间与《续修潼关县志》所言四十八年稍有出入。综合几种材料，张自成曾任多地副将、总兵，即军事官员。

在康熙年间，总兵是多大干部？总兵是明代始设的一种武官官职，当时不分品。到了清代，总兵仍是武官，官阶正二品，受上级文官提督统辖，全国设置的总兵不超过 100 位。在张家口、宣化一带，那时总兵算是当地最高官员。① 总兵作为地方首长，写几个大字，吩咐手下将其刻于石崖上，不算难事，也合情合理。张家口这里不同于江南，一般的处士、书生、文人，恐怕没有那个方便。

如果河北张家口石刻作者与五寨县的张自成是同一人的话，《张北县志》与《五寨县志》所述有不一致之处。前者说他是处士，但按后者的描述他并未接受过良好教育，后来确实出人头地、当了官，却不是文人、隐者。

类似的冲突还表现于近期的作品《品味大境门》："石壁上方石刻，题为'康熙五十二年孟夏吉旦'，正文为'内外一统'，落款为'三晋文人张自成题'。"（刘振瑛主编，2019b：168）是不是偶尔的编辑错误？在该书的另一处，作者写道："这款石刻的跋为'三晋文人张自成'。"注意，这里张自成的身份是"文人"，不是"处士"，显然也不是官员。刘振瑛文否定了"落魄文人"之说，指出张自成为落魄文人、刻石为邀功求官之说欠妥，却没有否定"文人"之说。

---

① 1724 年，即雍正二年，始设口北道，驻宣化，隶直隶总督。道员俗称观察，秩正四品。到了 1761 年，即乾隆二十七年，始设察哈尔都统，统辖察哈尔八旗四牧群，兼辖张家口驻防官兵，管理与蒙古地区和俄罗斯贸易事务，官品为一品封疆大吏。

大境门外石刻所署作者张自成，与《五寨县志》中所述张自成是否同一人？推理上还有断点，理论上还有别的可能。但是，从时间、地点、官职来看，可以比较合理地猜测是同一个人。这一结论当然也可以推翻，比如找到了明确的书面材料证明，在张家口存在两个张自成，官至协副将和镇总兵的那一位并没有书写"内外一统"。但是，这种可能性较小。

人们可能有疑问：从西安潼关副将、川陕总督中军副将、张家口副将、重庆镇总兵到宣化镇总兵，这一系列调动是否正常？查《清实录》，相关官员升降、调转应属正常。具体而言，1717年（康熙五十六年）张自成为宣化总兵官（高鸿宾，2017：202）。类似的官员调动、任命常见，《清实录》相关记载也传达出朝廷对张家口、宣化一带的重视程度。比如，1703年升张家口副将张文焕为山西大同总兵官（高鸿宾，2017：194）；1712年升直隶宣化总兵官康泰为四川提督（同上：197），升甘肃永固城副将张自兴为山西大同总兵官（同上：197）；1717年以直隶宣化总兵官司九经声名甚劣，命革职。张自成正是这时被升职的，由张家口副将变为宣化总兵官（同上：202）；1746年以直隶张家口副将何祥书为陕西延绥镇总兵官（同上：318）；1748年以直隶张家口副将任澍为江西南赣镇总兵官司（同上：327）；1755年乾隆谕曰"宣化镇总兵丁大业看来人甚平常，不胜总兵之任，着以副将用。其宣化镇总兵员缺。着存泰补授"（同上：373）；1771年调河南南阳镇总兵官达齐为直隶宣化镇总兵官（同上：497）；1787年以直隶宣化镇总兵官保兴、陕西兴汉镇总兵官刘允桂对调（同上：531）。

5.3 以讹传讹的"处士"和"文人"

民国版《张北县志》的描述符合世俗的想象，但与身为总兵的张自成身份不符。那么"三晋文人"如何解释呢？未查到张自成是文人、处士的任何书面证据。

说到这里，人们不由得问一句：崖壁上到底刻着什么？

起初作为读者，不大会怀疑有关人士对石刻内容的叙述，但是上述若干矛盾出现后，不得不怀疑。先确认石刻具体内容可能是关键，否则空对空，解释来解释去，都没有根据。作为证据，要比"硬度"，即可信性，显然石刻实物大于文字史料，文字史料大于传说。

"内外一统"石刻如此有名，找来照片一看不就解决了？可惜笔者未找到高清的照片，能找到的几张照片中看清"内外一统"四个字没有问题，边界十分清晰。但前后的题跋因字太小、刻得不深而看不清。

2020年10月31日，笔者决定前往张家口实地察看。根据一些资料，它出现的位置在大境门北部正沟的石壁上，从地貌判断应当在S242路西，距大境门大约在2千米之内。为保险起见，从张家口桥西区孤石村开始，由北向南搜索，此时左侧（东侧）是河滩平地，右侧是陡峭的山崖。先后向几位老人打听，非常幸运，有人知道相关的石刻，但提醒我可能看不到了。

经过半小时的搜索，最后定位于大境门北部三角形道路的北部尖角处西侧一家"隐形纱窗玻璃配件"建材门市的房顶！古时候这里恰为正沟道路上的一个隧道口，现早已废弃，新的道路在其东侧。此处东侧河对岸是东窑子镇（口）外东窑（子）村。此门市经营塑钢断桥铝、隐形纱窗、玻璃配件。大门紧锁，听说门市的主人长期不在。周围人家对于笔者远道而来探查石刻不以为意，不管我多么诚恳、焦急，总是回应："看不到，被封起来了。"笔者还是不死心，拿出100元作小费请求给予方便。这招奏效，看似房东的中年妇女默许笔者从其邻居家北侧架梯子登上紧邻峭壁的房顶。小心翼翼爬上房顶，既不可踩塌薄薄的彩钢板，又不可踏到钉子上而得破伤风。五分钟后，靠近目标，用纸和口罩擦掉保护玻璃罩（估计是文物保护部门加装的）立面的尘土，贴近玻璃表面向内部的崖壁窥视，在晚侏罗世张家口组凝灰岩峭壁上看到，一长方形边框中有阴刻"内外一统"四个大字，似颜体，与网络上的照片完全一致。边框当然也是在崖壁上刻出来的，刻纹规则排列。急忙看两侧的小字，心情有点儿激动。小字接近于赵体或"明清馆阁体"。右侧（北侧）小字是阴刻"康熙五十二年孟夏吉旦"，与原来所知一致；左侧（南侧）内容则意想不到，竟然是阴刻"三晋张自成题"，"成"字左下角有些模糊，这里根本没有"处士"或"文人"字样！保护罩内空间比较局促，从外部更是无法用一张照片拍全，只好用手机和单反相机贴近玻璃分块拍摄。此时，我衣服上蹭满了灰，手、脸、相机、手机也如此，可以说狼狈不堪，但心情颇好。顺便观察了崖壁火山岩结构和零星生长的菊科山蒿。这种半灌木状山蒿植株低矮、生长缓慢，在这一带干燥的火山岩上自然生长。其寿命极长，没准其中的几株见证了当年摩崖石刻的落成过程。另一条环境史信息有必要提及：300年间，附近河床有明显上升，可能是泥沙堆积造成的。从大境门东侧约100米处地下挖出来的小境门（西境门）来判断，河床上升速度还是很快的。

石刻的时间得以确认：康熙五十二年孟夏吉旦，即癸巳年农历四月初一，相当于公历1713年4月25日。[①] 小结一下：石刻开凿于质地并不很好的由燕山运动晚期构造运动形成的岩浆岩上。[②] 张崇发考察记中白纸黑字写的"康熙三十六年"属于误记或者编造。多种县志及刘振瑛书中所述张自成为"文人""处士"的说法也统统与石

[①] 1713年康熙六十大寿之际，冷枚绘制的《避暑山庄图》完工。为形象起见，列举1713年前后若干事件：6年前的1707年，林奈和布丰出生；两年前的1711年，弘历（乾隆）出生；一年前的1712年，启蒙思想家卢梭出生；再过7年，1720年，吉尔伯特·怀特出生。

[②] 笔者大学本科专业是地质学的岩石矿物和地球化学。为了确认此地岩石的性质和时代查过《中华人民共和国地质图集》中的"河北省地质图"并到张家口地质博物馆核实过资料。近几年也在附近几座山上实际踏勘过。

刻没有直接关系。①到此，矛盾已经解决。麻烦都源于后来的文人做事不认真，相互抄袭时衍生出一些不靠谱的内容。坦率说，石刻书法算不上高明，但也算有特点。

那么当时的皇帝是怎样看待这种拍马石刻的呢？据《续修四库全书·畿辅通志·卷十》，乾隆九月十三日进张家口途中得诗五首，其一曰："物土今为扩，山田似列阶。刀耕困硗确，箕敛忍科差（今岁宣化府属歉收，命有司加意抚恤，蠲租赐赈，沽'游豫休助'之名而已，饥已溺，实不忍于怀也）。是地秋稍有，兹怀慰兴皆（口外较口内为差胜故云）。谁欤颜柳笔，可惜勒烟崖（离口数里有磨石大书者，一曰'万国来朝'，一曰'内外一统'，殊令人喷饭）。"

括号内的注释均是《畿辅通志》原有的，何人敢如此放肆，嘲笑有着美好寓意的"内外一统"石刻"令人喷饭"？评论的不是书法艺术，而是内容本身。一种可能是通志的编纂者，另一种可能是乾隆本人。参考《御制诗初集》，诗注是乾隆自注。后文再解释乾隆何以"喷饭"。

5.4 石刻"内外一统"的几层含义

大境门外石刻"内外一统"的含义是什么？这似乎是个相对简单的问题，边疆史研究者可能感兴趣。"内外一统"的早期用法，指朝廷内外，也与地理、统治范围有关。南宋扈仲荣等辑《成都文类》卷二十载《上文密学书》："今天下之政皆出朝廷，生民之命皆本天子。有司分其职，公卿守其位。内外一统，上下一法，若天刚而平，地柔而成，何有于事哉！"元代有诗句"女真如拓拔［跋］，一统位中原"（赵汸）、"黄图无内外，一统位中原"（金渭），后者中直接出

---

① 此时已近中午，便直奔附近的一家餐馆，叫了一只小羊腿犒劳自己。

现"内外一统"字样。康熙帝则有"黄图无内外,时迈有光辉",显然借用了前人的句子。黄图指畿辅、京都、全中国。

大境门外正沟石刻"内外一统"首先是政治标语,核心是赞美皇帝的"文治武功"。针对康熙朝的时代背景,"内外一统"可能有如下具体含义。

第一,武力平定天下,张家口内外疆土早就得以统一,口内口外是一家一国。就全国来看,康熙南方撤三藩、东部规取台湾、东北签订《中俄尼布楚条约》、北部亲征噶尔丹,基本实现国家统一。康熙四十七年(1708),康熙请传教士与中国官员一起着手编绘了《皇舆全览图》。

第二,经济恢复,朝野一心。"今天下户口甚繁,地无弃土。"皇帝治国有方,张家口一带或者全国范围百姓拥护朝廷政策,经济繁荣、国库充盈、社会安定。康熙四十九年(1710),户部存银达45881072两,朝廷"不差钱"。康熙五十一年(1712),"二月,康熙帝谕大学士等,实行滋生人丁永不加赋政策"(王思治、冯尔康,2010:402),也就是说,劳力增加却不再增加丁银税,这一政策被视为盛世之举。

第三,满汉平等,不分彼此。清初时朝廷不得不面对"华夷之辨""反清复明"等棘手问题,但康熙帝下令开"博学鸿词科"后,汉人知识分子队伍发生了明显变化,绝大多数人开始主动归顺。康熙试图用理学治理天下,化解民族矛盾,他在《御制朱子全书》序中说:"朕读其书,察其理,非此不能知天人相与之奥,非此不能治万邦于衽席,非此不能仁心仁政施于天下,非此不能内外一家。"(转引自王思治、冯尔康,2010:30)康熙采取怀柔政策,强调"满汉一体,无分彼此""满汉皆朕之臣子",虽然在皇帝的心灵深处仍然认为汉人难治。

第四,政教一统。康熙五十二年(1713)春,清朝册封班禅罗桑意希为五世班禅额尔德尼,这是第一次直接册封,前四次属于追认。此册封在蒙汉地区影响较大,"以佛教为精神统一的政治统治空前安定,出现了多民族和睦共处的大好局面","佛教宗法的弘扬光大,是对藏蒙地区政教一统局面的颂扬"。(刘振瑛主编,2019b:174-175)这种解释涉及康熙王朝的"统战"策略。与此相关的还有一条信息:据说在此石刻的下方有用汉文、梵文、藏文、蒙古文四种文字刻写的六字真言"唵嘛呢叭咪吽"。由于自然条件所限,笔者在现场并没有看到。更有一种观点认为"内外一统"石刻与六字真言石刻相关。逻辑上有这个可能,但既难证实也难证伪。

如果熟悉医学史的话,还有第五种解释:此处的"内外一统"与中医史中的"内外一统论"有关。元代赵州人王好古在《医垒元戎》中发扬张仲景的思想,提出伤寒、杂病分经统一论治的学术观点(李凯,2005;郑丰杰,2006)。根据其六经贯穿内外的一统论的中医学思想,伤寒、杂病虽然有内伤与外感之差别,却均伤及脏腑、经络、气血,因阴阳失调而发病,故两类病均可按六经辨证统一治疗。医乃仁术,如果把治理国家与治病救人相类比,"内外一统"比附国家治理,也不算跑题。

一种颂扬方式令皇帝高兴恰在其言语的多义性,而且每种解释都暗合统治者的期望。上述多种解释哪一种为主呢?第一种好像最恰当,但是到了清代,大境门一带内外早就是大清的地盘,真正的边境在远方,向北可延伸到库伦(圐圙,即今日之乌兰巴托)、恰克图。恰克图位于色楞格河东岸,康熙初年稍成聚落,后来成为俄国的边贸城(李志学,1992:116)。那时张库大道尚未形成,但在此之前因击溃噶尔丹、漠北政局稳定,康熙三十五年清政府批准了张家口作为对蒙古各部的贸易地(刘振瑛主编,2019c:133)。此时用"内外一统"赞美武力征服之成就,已经意义不大。如果是对前面的明代而言,这一点还是很重要的。第四种解释,如果有关联,参考康熙对待天主教的态度(韩琦,2019:147-155),最多也是统治者的一种权宜的统战策略,不必当真,因而也不是主要的。第五种解释只是一种可能，张自成和康熙未必联想到中医仁术。总结起来看，第二和第三种解释可能性最大，是康熙最在乎的。

5.5 摩崖石刻记录皇帝亲征盛事

"内外一统"石刻创作的宏观背景和动机是清楚的，但是具体来看，是什么事件具体促成了它的发生？对于许多历史问题，此类寻因是容易想到线索的，探究起来却未必有满意的收获，只能利用现有资料进行尝试，还要看运气。

相关文献提及康熙三十六年，仅仅是随口所述吗？否定了此时间与康熙五十二年"内外一统"石刻的直接联系，是否就真的可以抛开康熙三十六年？还不能。康熙三十六年提供了一个关键时间信息，需要查清那个时间段皇帝的活动。除了本章开头引述的康熙三十五年九月（1696 年 10 月）康熙从张家口城里向北出大境门事件之外，康熙朝皇帝的活动还多次与张家口有关。

据《清实录》，康熙三十五年十二月甲午，康熙驻跸大同府城内，丁酉驻跸北旧场，戊戌驻跸宣化府城内，己亥驻跸旧保安城内（即今日涿鹿县城内），庚子驻跸怀来县。康熙三十六年二月戊子驻跸岔道，康熙己丑驻跸怀来县城西，庚寅驻跸沙城堡，辛卯驻跸上花园东（相当于今日张家口下花园区上花园村），壬辰驻跸宣化府，癸巳驻跸左卫南（相当于今日怀安县左卫镇），甲午驻跸怀安县，乙未驻跸天城（即今日山西大同市天镇县）；丙申驻跸阳和城（即今日大同市阳高县）；戊戌驻跸大同。有人说此年早春二月十一日，康熙征噶尔丹后巡幸塞外，驻宣化府（刘振瑛主编，2019b：171），其实并无根据，二月的壬辰日确实是十一日，皇帝住宿的地方也确实是宣化府，但当时康熙是往外走而不是往回走，走的是由现在张家口一直向西的线路，不可能经过张家口北部的大境门。康熙三十六年五月戊子，康熙驻跸布尔哈思苏台，是日，阅上驷院牧场马匹；己丑驻跸三岔地方，赐苏尼特多罗郡王额驸萨穆扎等牛羊；庚寅进张家口，文武官员、兵丁士民等跪迎，当日驻跸宣化府内；辛卯驻跸新保安城内（即今日张家口怀来县新保安镇）；壬辰遣官祭关圣帝君，驻跸怀来县城外黄寺；癸巳驻跸昌平州城内。这一次确实是从大境门进入张家口的，而且有文武官员跪迎。张自成是否在其中？不可能。此时他在陕西，据《潼关县志》，张自成至康熙四十八年还在那里任副将。康熙三十八年九月庚子，康熙进张家口，至宣化府驻跸。康熙四十年六月辛酉，康熙驻跸宣化府西门外；壬戌驻跸万全县下浦；癸亥驻跸西巴尔台。康熙四十四年八月戊辰，康熙驻跸察罕拖罗海达巴汉地方；己巳进张家口，驻跸夏堡，庚午驻跸宣化府，辛未，驻跸下花园。

乾隆年间《万全县志》提及："康熙三十六年二月，驾幸热河，驻跸张家口。是日，赐口北道臣周士贤诗一幅。五月，驾由张家口回銮。""康熙三十九年六月，驾幸热河驻跸张家口（是年秋由古北口回銮）。""康熙三十六年九月车驾幸热河，驻张家口，诏免宣府本年钱粮，十二月回銮，复驻张家口。""康熙四十年六月，驾幸热河次张家口（秋由密云回銮）。""康熙四十四年九月，驾自热河回銮，次张家口。"

康熙四十四年之后，康熙再未来过张家口地区。由此再次确认，张自成康熙五十二年作石刻"内外一统"与康熙皇帝本人经过张家口，没有直接关联，但可能有间接关系。

有一天，笔者在浏览《康熙事典》时发现一条线索："康熙三十六年五月二十日，礼部请加徽号，不允；王公大臣再请，仍不允。"（王思治、冯尔康，2010：269）皇帝第三次亲征（实际上总共四次，最后一次被认为是无用的出征，史书上一般不写；噶尔丹最后被手下毒死，而非自杀），彻底平定噶尔丹后，朝廷官员溜须拍马，请求给皇帝"加官晋爵"。皇帝是天子，已经是老大，还用再升官？所以"加徽号"是一种无实际意义的举动。无论大臣如何诚恳请求，康熙坚持不受。①纵有心抵制，也架不住臣子、奴才隔三岔五地念叨。到了六月份，皇帝有所松口，也许正是他想要的。"从礼部请，于亲征所过之名山及激战之地，磨崖石记录亲征盛事。"（王思治、冯尔康，2010：269）为确认此信息，笔者立即查了《圣祖仁皇帝实录》等资料。康熙三十六年丁丑六月庚戌日，诸王贝勒贝子公满汉文武官员及远近士民，赴畅春园恭请皇上允受"神圣文武大德广运"尊号。康熙帝不从，还谦虚了一番："朕御极四十年，虽自始至终孜孜不倦，而吏治尚未澄清，民生尚未丰裕，士卒尚未休息，风俗尚未淳朴，且旱涝灾异亦复相仍，方今外寇既靖，正宜休息生养，徒加尊号何益于治？朕荡平噶尔丹，机宜未尝有失，苟天下共能知之，朕愿足矣。崇上尊号，不必行，毋复再奏。"虽然明确拒绝了加称号，但皇帝透露了另一层意思。自认为荡平噶尔丹做得还是非常不错的，"苟天下共能知之，朕愿足矣"。这可理解为一种暗示，大臣们不会不明白。到了第四天，果然收到礼部的一项请求："甲寅礼部奏：圣驾亲征朔漠所过之名山以及剿贼之战地，请磨崖勒石俾塞外，亿万载臣民咸知今日之成功峻烈，自开辟所未有。从之。"（《圣祖仁皇帝实录·一百八十四·一》）。蒋良骐纂修之《东华录·康熙五十九（卷）·三十一》②有相似的摘录，仅个别用字不同。同样在六月，皇帝命大学士伊桑阿等撰修《平定朔漠方略》。康熙帝于康熙四十七年七月初九日为此撰写序言。序言第一句就是："朕只承天眷，懋绍祖宗丕基，为亿兆生民主。薄海内外，皆吾赤子，虽越在边徼荒服之地，倘有一隅之弗宁，一夫之弗获，不忍恝然视

---

① 康熙皇帝还算有自知之明，时常拒绝一些过分的拍马。比如康熙五十九年是康熙御极（在位）60年普天大庆的年份，这年正月诸王贝勒贝子公满汉文武大臣恭请行庆贺典礼，康熙帝不允，找了多种理由拒绝。到了年底的十二月，诸王大臣再次请行庆贺礼，康熙帝仍不允。（见《圣祖仁皇帝圣训·卷四十九·三十一》）
② 虽然写着"康熙五十九"，并非指康熙五十九年，所记载的事情仍发生在康熙三十六年。

也。"(《四库全书·圣祖仁皇帝亲征平定朔漠方略·御制序·一》)这里特别强调"海内外"。"内外一统"与此直接相合。据初步统计，在此《平定朔漠方略》中"内外"的字眼共出现32次。

也就是说，康熙帝的意思是不加徽号（尊号），但可以通过碑刻、石刻、文章等来表达类似的心意。张家口当然属于皇帝亲征所过之地，当地官员在某处山崖上刻上纪念文字，顺理成章。一种可能是，从康熙三十六年六月开始，下上呼应，要"磨崖石记录亲征盛事"。张自成于康熙五十二年被调到张家口任副将后，响应多年前的号召，作摩崖石刻，完全有道理。礼部的政策是不是落实得太慢了？从三十六年算起，到五十二年已经过去快16年了。也许张自成的前任之前已用别的方式表过忠心，新任长官张自成不过是继续做该做的事罢了。康熙五十二年恰为康熙六十大寿，举国上下为之庆祝。"康熙五十二年三月，康熙帝谕王公大臣，在路途见民人为朕六十寿诞庆贺祈祷，既劝阻不止，应以祈祷雨旸时若、万邦咸宁为内容。"（王思治、冯尔康，2010：409）在此形势下，张自成于农历四月一日题"内外一统"，两项政治任务都照顾到了，解释得通。内外一统、万邦咸宁都是应景的吉祥话。

民间传说之康熙三十六年虽然与事实不符，亦不能算无中生有。

5.6 对张自成仕途与死因的另类推衍

张自成人生经历中，相当长时间在西部任职，特别是曾任"西安潼关副将""川陕总督中军副将"，后来被朝廷调到京城附近的宣化任职。为何调他？康熙四十二年（1703）康熙来到陕西潼关，检查军队装备情况，观察旗兵和绿营训练，比较满意，特意嘉奖训练有素的陕西绿营兵。那时与康熙直接打交道的是张自成的上级提督潘育龙，还轮不到张本人。但后来为了巩固京畿防御，皇帝想到陕西绿营兵，请大臣举荐，张自成就有了机会。不过，这只是一种猜测，前文已提及，那时各地官员调任均属正常。

到此，关于石刻"内外一统"能说的也差不多了。初稿传给好友张冀峰，他提出了一个有创意的想法，值得记录在此。乾隆作诗自注中提及石刻，为何说"殊令人喷饭"？前文并没有解释。这是一个重要线索。什么东西令他喷饭呢？拍马拍得不合适？

可以从另一个明显令人喷饭的民间故事切入。国民党高官张群捧着"亿兆众驱日出境，千万人拥蒋入川"（胡方撰）这副对联去拍蒋介石的马屁，结果被蒋大骂。这个故事绘声绘色地讲起来，确实够令人喷饭的。再来看乾隆喷饭的笑点，"可笑之处可能是：那个刻'万国来朝'和'内外一统'的马屁拍到马蹄上了"（张冀峰，2020）。这是一种说得通的解读。不管康熙帝当时或后来是否看到过石刻，至少不会没听说过。没有直接证据表明两个石刻是同时刻上去的。① 张冀峰给出一种猜测：可能先刻了"内外一统"，时间是康熙五十二年。这一年题字者张自成正在张家口协副将任上。不管康熙是否立即看到了，张自成可能因刻写了吉祥话，拍马有方，再加上别的因素，受到嘉奖，"康熙五十六年擢四川重庆镇总兵，复调宣化镇总兵"。"万国来朝"很可能是在宣化镇总兵任上书写的，属于二次拍马。为何写这几个字呢？这与各国商人来此做生意有关：张家口大境门至库伦之间的商道繁荣，堡子里一带各国商人、票号

---

① 刘振瑛《品味大境门》倒是说两石刻同为康熙五十二年，但没有细节。我没有实际看到"万国来朝"的题款，不宜多说。"万国来朝"应当与张家口一带商贸活动有关，但当时已经很发达的"旅蒙商"基本不涉及外国更不用说"万国"了，这得考虑张（家口）库（伦）商道的贸易繁荣局面。1689年中俄《尼布楚条约》使中俄平等贸易成为可能。康熙四十七年（1708）清廷批准以色楞格河—库伦—张家口的商道为俄国商队往返之官道（李晨晖，2010：99）。康熙五十九年（1720）清朝理藩院议准内地商人可持执照前往喀尔喀、库伦贸易。达到鼎盛应当是在雍正五年（1727）中俄《恰克图条约》签订之后。也就是说要比康熙五十二年晚一些。张库大道发展第一阶段是康熙五十九年到咸丰十年（1860），算肇始期和兴盛期。第二阶段从1860年到1869年，算由盛而衰转变期。第三阶段是1869年至1924年，为衰落期。（周云、陶宗冶，2015：1—3）

入驻，生意兴隆。如今，张家口市堡子里还保留了多国贸易代表处的建筑。有朋自远方来，是实际写照，自夸一点儿，写成"万国来朝"也不算离谱。唐朝卢象写过"千官扈从骊山北，万国来朝渭水东"；张莒写过"万国来朝岁，千年觐圣君"。乾隆年宫廷画家画了多幅《万国来朝图》，基本上根据想象绘制，哄皇帝开心。对此说得狠的，称之"帝国意淫"。单看"内外一统"或单看"万国来朝"，都没问题，均为政治正确。但是，两者同时读，问题就来了，成了巨大的讽刺，这才是乾隆"喷饭"的缘由！"满清入关到底算入主还是算来朝呢？张自成或许没有敏感地意识到其中微妙，其马屁拍得有歧义，甚至拍得有些危险。"（张冀峰，2020）

于是，整个故事可以重构如下：张自成因刻"内外一统"的马屁拍得好得以升迁，当上宣化镇总兵后某一年，又刻下"万国来朝"。无论是被政敌诬陷，还是康熙自己觉出了"内外一统"与"万国来朝"两者的不和谐，张自成这次的马屁确实考虑不周。可能由此失去了主子的好感，此后便郁郁不乐，退休返乡、去世。如果"万国来朝"石刻有落款年月的话，可以进一步核验或否定上述假说。

民间流传的张自成故事虽有错谬之处，但原型是有的，杜撰不会完全凭"空"。关于石刻内容，县志、传说与实际可看到的明显矛盾，此矛盾提醒后人寻找真相，就像现在的某些小说、电影所讲述的，罪犯故意留下一些破绽，让高手找到破案线索，从而为匡扶正义提供条件。

张冀峰提出了一个大胆的猜测："民国修县志的工作者们也许不是不加辨别或不负责任，而是他们在编史理念上采用了'记录优先'的方式。"理论上确实存在这种可能性，但我个人还是怀疑县志的编写者当年是否能够考虑那么深沉。冀峰进一步阐释了理由，其针对性已不限于此石刻了："史料的饱满性与真实性之间存在着普遍的矛盾，任何好的历史性作品都要在饱满性与真实性间作取舍，唯良史善于把握好一个度的问题。过于饱满，错谬的地方就多了，但只记录有把握的，真实的线索就丢了。饱满地记录一些'不靠谱'的材料，也许读者能从更饱满的历史中读出更真实的历史，这不失为一种可取的编史方法。至于那些后来被证明是错谬之处，被读者骂，还是被读者谢，取决于读者如何使用错谬。错谬之为错谬在于其命题非真，而非命题没有意义。上面关于张自成'二次刻石'的趣事正是对谬误的重构。"（张冀峰，2020）冀峰的话倒是令我再一次思考了老普林尼的《博物志》。学者经常责备老普林尼不大靠谱的数据收集和图书编纂方式。那时候根本没有成熟的历史学，人们不该用后来的史学标准去苛求公元1世纪的古罗马作家、博物学家，不宜把他想象为智力低下的道听途说者，他那样写作必有在他看来比较充足的理由。

这里涉及对史料的解读程度问题，学人之间有不同的看法。不管大境门北正沟石刻的真实故事为何，现在有机会借此讨论一下治史的态度、方法，也不算跑题。退一步，也可以用此例于教学或饭后闲谈。

关于张家口大境门外"内外一统"石刻，史料和后人的研究多有矛盾。幸好原物还在，澄清事实并非难事。如果石刻不在了，真难想象学者还会争论多久。"内外一统"石刻体量不算小，寓意良好，距今也有300多年，算得上张家口一带的文物。

据悉，2008年10月20日正沟街摩崖石刻被河北省人民政府公布为第五批省级文物保护单位。值2020年冬奥会之际，"万国来朝"之说虽夸张、自大，但中外友好交往、社会安定却是不假的，当地有关部门应当把石刻下部的杂乱建筑及时清理掉，让石刻展现于世人面前。

第 6 章

植物图谱

旧事吟成枉断肠,平生我不谙情长。
东风不管花开落,芳草连天自夕阳。

——(清)缪公恩《题张力庵崇川花谱吟》

一本普通读物不可能讲太多物种,此部分植物图谱主要收"草",基本不收"木",只提供名称并不解释。在网络时代,有了合适的关键词,许多事情都好办。在《崇礼野花》的基础上有删节、补充和纠正。为便于查找,植物"科"的排序故意不体现亲缘关系,直接按汉语拼音升序。如果想知道亲缘关系可以查阅 APG 的相关文档,很容易找到。

白花丹科

二色补血草（*Limonium bicolor*），白花丹科。"草原天路"上很多村民或牧民廉价出售由它做成的花环，通常五元一束。植株还未结种、散播，就被采收，将无法传宗接代。如此下去，用不了几年，二色补血草就会在这一带绝迹。希望游客不要购买花环，喜欢就到野地里尽情地看，尽情地拍。

二色补血草,白花丹科。

百合科

左上图 山丹（*Lilium pumilum*），百合科。

右上图 山丹，百合科。

左下图 有斑百合（*Lilium concolor* var. *pulchellum*），百合科。

右下图 三花顶冰花（*Gagea triflora*），百合科。

上图 三花顶冰花，百合科。

中图 小顶冰花（*Gagea terraccianoana*），百合科。

下图 北黄花菜（*Hemerocallis lilioasphodelus*），百合科。

报春花科

本页图 箭报春（*Primula fistulosa*），报春花科。

右页图 箭报春（左）和胭脂花（右），均为报春花科。

左上图 箭报春或粉报春，报春花科。

右上图 河北假报春（*Cortusa matthioli* subsp. *pekinensis*），也叫北京假报春，报春花科。

左下图 胭脂花（*Primula maximowiczii*），报春花科。

右下图 北点地梅（*Androsace septentrionalis*），报春花科。

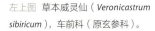

车前科

左上图 草本威灵仙（*Veronicastrum sibiricum*），车前科（原玄参科）。

左下图 柳穿鱼（*Linaria vulgaris* subsp. *sinensis*），车前科（原玄参科）。

右下图 水蔓菁（*Pseudolysimachion linariifolium* subsp. *dilatatum*），车前科（原玄参科）。

唇形科

右上图 毛建草（*Dracocephalum rupestre*），也叫岩青兰，唇形科。

左下图 白苞筋骨草（*Ajuga lupulina*），唇形科。

右下图 康藏荆芥（*Nepeta prattii*），唇形科。

左上图 多裂叶荆芥（*Schizonepeta multifida*），唇形科。

右上图 百里香（*Thymus mongolicus*），唇形科。

左下图 百里香，唇形科。

右上图 并头黄芩（*Scutellaria scordifolia*），唇形科。

左下图 黄芩（*Scutellaria baicalensis*），唇形科。

右下图 香青兰（*Dracocephalum moldavica*），唇形科。

豆科

左上图 蓝花棘豆（*Oxytropis coerulea*），豆科。

右上图 黄毛棘豆（*Oxytropis ochrantha*），豆科。

左下图 大花棘豆（*Oxytropis grandiflora*），豆科。

右下图 大花棘豆，豆科。

左上图 砂珍棘豆（*Oxytropis racemosa*），豆科。

右上图 多叶棘豆（*Oxytropis myriophylla*），豆科。

左下图 东方野豌豆（*Vicia japonica*），豆科。

右下图 东方野豌豆，豆科。

左上图 广布野豌豆（*Vicia cracca*），豆科。

右上图 山岩黄芪（*Hedysarum alpinum*），豆科。

左下图 草木樨状黄芪（*Astragalus melilotoides*），豆科。

右下图 蒙古黄芪（*Astragalus mongholicus*），豆科。

左上图 蒙古黄芪，豆科。

右上图 甘草（*Glycyrrhiza uralensis*），豆科。

下图 斜茎黄芪（*Astragalus laxmannii*），豆科。

花葱科

中华花葱（*Polemonium chinense*），花葱科。

桔梗科

右上图 紫斑风铃草（*Campanula puncatata*），桔梗科。

左下图 狭叶沙参（*Adenophora gmelinii*），桔梗科。

右下图 细叶沙参（*Adenophora capillaris* subsp. *paniculata*），桔梗科。

堇菜科

左上图 鸡腿堇菜（*Viola acuminata*），堇菜科。

左下图 裂叶堇菜（*Viola dissecta*），堇菜科。

右下图 双花堇菜（*Viola biflora*），也叫双花黄堇菜，堇菜科。

景天科

左上图 费菜（*Phedimus aizoon*），景天科。

右上图 小丛红景天（*Rhodiola dumulosa*），景天科。

左下图 红景天（*Rhodiola rosea*），景天科。

右下图 钝叶瓦松（*Orostachys malacophylla*），景天科。

华北八宝(*Hylotelephium tatarinowii*),景天科。

菊科

左上图 紫菀（*Aster tataricus*），菊科。

右上图 高山紫菀（*Aster alpinus*），菊科。

左下图 蓝刺头（*Echinops davuricus*），菊科。

右下图 漏芦（*Stemmacantha uniflora*），也叫祁州漏芦，菊科。

左上图 紫苞雪莲（*Saussurea iodostegia*），菊科。

右上图 草地风毛菊（*Saussurea amara*），菊科。

左下图 美花风毛菊（*Saussurea pulchella*）。

右下图 小红菊（*Chrysanthemum chanetii*），菊科。

左上图 全缘橐吾（*Ligularia mongolica*），菊科。

右上图 狭苞橐吾（*Ligularia intermedia*），菊科。

左下图 山尖子（*Parasenecio hastatus*），菊科。

右下图 山尖子，菊科。

左上图 狗舌草（*Tephroseris kirilowii*），菊科。

右上图 牛蒡（*Arctium lappa*），菊科。

左下图 短瓣蓍（*Achillea ptarmicoides*），菊科。

右下图 亚洲蓍（*Achillea asiatica*），菊科。

左上图 长叶火绒草（*Leontopodium junpeianum*），菊科。

右上图 乳苣（*Lactuca tatarica*），菊科。

左下图 山牛蒡（*Synurus deltoides*），菊科。

右下图 麻花头（*Klasea centauroides*），菊科。

左上图 麻花头，菊科。

右上图 多花麻花头（*Klasea centauroides* subsp. *polycephala*），菊科。蝴蝶为斑缘豆粉蝶，粉蝶科。

左下图 兔儿伞（*Syneilesis aconitifolia*），菊科。

右下图 猬菊（*Olgaea lomonosowii*），菊科。

左上图 毛连菜（*Picris hieracioides*），菊科。

右上图 伪泥胡菜（*Serratula coronata*），菊科。

右下图 烟管蓟（*Cirsium pendulum*），菊科。

兰科

掌裂兰（*Dactylorhiza hatagirea*），兰科。

藜芦科

北重楼（*Paris verticillata*），
藜芦科。

蓼科

左上图 拳参（*Polygonum bistorta*），蓼科。

右上图 波叶大黄（*Rheum rhabarbarum*），蓼科。

下图 酸模（*Rumex acetosa*），蓼科。

上图 毛脉酸模（*Rumex gmelinii*），蓼科。

下图 毛脉酸模，蓼科。

列当科

左上图 疗齿草（*Odontites vulgaris*），列当科（原玄参科）。

右上图 红纹马先蒿（*Pedicularis striata*），列当科（原玄参科）。

左下图 短茎马先蒿（*Pedicularis artselaeri*），列当科（原玄参科）。《中国植物志》称埃氏马先蒿。

右下图 返顾马先蒿（*Pedicularis resupinata*），列当科（原玄参科）。

左上图 穗花马先蒿（*Pedicularis spicata*），列当科（原玄参科）。

右上图 红色马先蒿（*Pedicularis rubens*），列当科（原玄参科）。

右下图 轮叶马先蒿（*Pedicularis verticillata*），列当科（原玄参科）。

柳叶菜科

柳兰（*Chamerion angustifolium*），柳叶菜科。

龙胆科

左上图 花锚（*Halenia corniculata*），龙胆科。

右上图 秦艽（*Gentiana macrophylla*），龙胆科。

左下图 假水生龙胆（*Gentiana pseudoaquatica*），龙胆科。

右下图 达乌里秦艽（*Gentiana dahurica*），龙胆科。

牻牛儿苗科

左上图 鼠掌老鹳草（*Geranium sibiricum*），牻牛儿苗科。

左中图 灰背老鹳草（*G. wlassovianum*），牻牛儿苗科。

左下图、右下图 粗根老鹳草（*G. dahuricum*），牻牛儿苗科。

毛茛科

左上图 毛茛（*Ranunculus japonicus*），毛茛科。

右上图 高乌头（*Aconitum sinomontanum*），毛茛科。

下图 高乌头，毛茛科。

左上图 牛扁（*Aconitum barbatum* var. *puberulum*），毛茛科。

右上图 小花草玉梅（*Anemone rivularis* var. *flore-minore*），毛茛科。

左下图 长毛银莲花（*Anemone narcissiflora* subsp. *crinita*），毛茛科。

右下图 长毛银莲花，毛茛科。

左上图 长毛银莲花，毛茛科。

右上图 长瓣铁线莲（*Clematis macropetala*），毛茛科。

左下图 半钟铁线莲（*Clematis sibirica* var. *ochotensis*），毛茛科。

右下图 灌木铁线莲（*Clematis fruticosa*），毛茛科。

左上图 唐松草（*Thalictrum aquilegifolium* var. *sibiricum*），毛茛科。

右上图 唐松草，毛茛科。子房有柄，果下垂，有纵棱翼。

左下图 瓣蕊唐松草（*Thalictrum petaloideum*），毛茛科。

右下图 华北耧斗菜（*Aquilegia yabeana*），毛茛科。

左上图 华北耧斗菜，毛茛科。

右上图 河北耧斗菜（*Aquilegia hebeica*），毛茛科。

左下图 耧斗菜（*Aquilegia viridiflora*），毛茛科。

右下图 细叶白头翁（*Pulsatilla turczaninovii*），毛茛科。

左上图 金莲花（*Trollius chinensis*），毛茛科。

左下图 翠雀（*Delphinium grandiflorum*），毛茛科。

右下图 翠雀，毛茛科。

左上图 冀北翠雀花（*Delphinium siwanense*），也叫崇礼翠雀，毛茛科。

右上图 冀北翠雀花，毛茛科。

右下图 冀北翠雀花，毛茛科。

蔷薇科

上图 地榆（*Sanguisorba officinalis*），蔷薇科。

左下图 路边青（*Geum aleppicum*），也叫水杨梅，蔷薇科。

右下图 东方草莓（*Fragaria orientalis*），蔷薇科。

左上图 石生悬钩子（*Rubus saxatilis*），也叫地豆豆，蔷薇科。

右上图 山刺玫（*Rosa davurica*），蔷薇科。

左下图 三裂地蔷薇（*Chamaerhodos trifida*），蔷薇科。

右下图 灰毛地蔷薇（*Chamaerhodos canescens*），蔷薇科。

茄科

左上图 脬囊草（*Physochlaina physaloides*），茄科。

左下图 脬囊草，茄科。

右下图 天仙子（*Hyoscyamus niger*），茄科。

忍冬科

左上图 缬草（*Valeriana officinalis*），忍冬科（原败酱科）。

右上图 缬草，忍冬科（原败酱科）。

左下图 西伯利亚败酱（*Patrinia sibirica*），忍冬科（原败酱科）。

右下图 败酱（*Patrinia scabiosifolia*），忍冬科（原败酱科）。

华北蓝盆花（*Scabiosa tschiliensis*），忍冬科。

瑞香科

瑞香狼毒（*Stellera chamaejasme*），瑞香科。

伞形科

左上图 黑柴胡（*Bupleurum smithii*），伞形科。

右上图 硬阿魏（*Ferula bungeana*），伞形科。作为一种药用植物，近些年被大量采挖，应当注意保护。

左下图 短毛独活（*Heracleum moellendorffii*），伞形科。

右下图 棱子芹（*Pleurospermum uralense*），伞形科。

芍药科

芍药（*Paeonia lactiflora*），芍药科。

石蒜科

左上图 山韭（*Allium senescens*），石蒜科。

右上图 球序韭（*Allium thunbergii*），等同于"朝鲜薤"，石蒜科。

下图 球序韭，石蒜科。

石竹科

左上图 老牛筋（*Arenaria juncea*），也叫灯心草蚤缀，石竹科。

右上图 长叶繁缕（*Stellaria longifolia*），石竹科。

左下图 卷耳（*Cerastium arvense*），石竹科。

右下图 上：瞿麦（*Dianthus superbus*），石竹科；下：石竹（*Dianthus chinensis*），石竹科。

薯蓣科

穿龙薯蓣（*Dioscorea nipponica*），薯蓣科。

十字花科

左上图 葶苈（*Draba nemorosa*），十字花科。

右上图 紫花碎米荠（*Cardamine tangutorum*），十字花科。

左下图 毛萼香芥（*Clausia trichosepala*），也叫香花芥，十字花科。

右下图 小花糖芥（*Erysimum cheiranthoides*），十字花科。

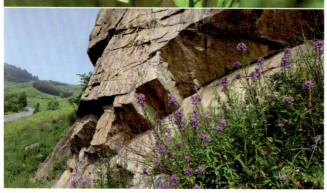

左上图 糖芥（*Erysimum amurense*），十字花科。

右上图 宽叶独行菜（*Lepidium latifolium*），十字花科。

左下图 硬毛南芥（*Arabis hirsuta*），十字花科。

右下图 垂果南芥（*Catolobus pendulus*），十字花科。

檀香科

百蕊草（*Thesium chinense*），檀香科。

天门冬科

左上图 舞鹤草（*Maianthemum bifolium*），天门冬科（原百合科）。

左下图 曲枝天门冬（*Asparagus trichophyllus*），天门冬科（原百合科）。

右下图 玉竹（*Polygonatum odoratum*），天门冬科（原百合科）。

天南星科

左图 东北南星（*Arisaema amurense*），天南星科。

右图 东北南星，天南星科。

卫矛科

多枝梅花草（Parnassia palustris var. multiseta），卫矛科（原虎耳草科）。

罂粟科

野罂粟（*Papaver nudicaule*），罂粟科。

鸢尾科

左图 紫苞鸢尾（*Iris ruthenica*），鸢尾科。

右上图 囊花鸢尾（*Iris ventricosa*），鸢尾科。

右下图 囊花鸢尾，鸢尾科。

上图 粗根鸢尾（*Iris tigridia*），鸢尾科。

下图 粗根鸢尾（下）和囊花鸢尾（上），鸢尾科。

紫草科

勿忘草（*Myosotis alpestris*），紫草科。

第7章

图像记录

左上图 崇礼区香雪广场。

右上图 崇礼区城区有众多舒适的小酒店。

左下图 崇礼区城区西北角。2015年12月16日。

右下图 距离高速路比较近的一个丁字路口。2015年8月12日。

> 试将图牒为考订，山中记载皆班班。
> 扶藜喜作山中行，胜处不复愁天悭。
>
> ——（宋）傅烈《浮碇冈》

7.1 崇礼区城市小景

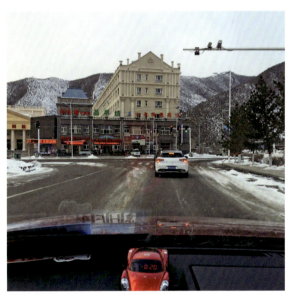

左上图 云顶大酒店。2015年12月17日。

右上图 万龙滑雪场。2016年7月3日。

左下图 山友快捷宾馆。2015年12月15日。

右下图 @便利小窝酒吧。2016年7月3日。

7.2 施工工地

左上图 双龙山南侧山梁2015年工地。

右上图 小夹道沟南侧山顶2015年工地。

左中图 四季小镇2016年工地。

右中图 砍伐森林，开辟雪道。

左下图 太子城西南方河道施工。2020年6月30日。

右下图 雪中太子城小镇工地。2021年3月19日。

7.3 冬季即景

左上图 云顶滑雪场。2015年12月17日。

右上图 太舞小镇正在兴建的酒店。2015年12月17日。

左下图 冬天的香雪广场。2015年12月15日。

右下图 万龙滑雪场。2016年11月19日。

7.4 夏秋景色

左上图 蔷薇科蚊子草。2016年5月21日。

右上图 华北落叶松的松针。2015年10月5日。

右中图 万龙滑雪场索道。2015年10月5日。

左下图 风力发电。2015年8月12日。

右下图 秋日白桦。2015年10月5日。

左上图 马丈子村的一个羊圈。2021年4月23日。

左中图 太舞滑雪场山上东北部。2019年7月24日。

右上图 景天科华北八宝，从张麻沟山脊向西望向西湾子镇。2020年9月27日。

左下图 汗海梁风景。2020年9月25日。

右下图 从四道梁向西看太舞滑雪场。2021年5月12日。

参考文献

诗酒琴棋客，风花雪月天；

有名闲富贵，无事散神仙。

——（宋）汪洙《神童诗》

Barbour, G. B. (1929). *The Geology of the Kalgan Area.* Memoirs of Geological Survey of China, Series A, Number 6. Peiping: Ministry of Agriculture and Mines.

Chaney, R. W. (1935). The Occurrence of Endocarps of *Celtis Barbouri* at Choukoutien. *Bulletin of the Geological Society of China*, 14(2): 99–118.

Franchet, M. A. (1884). *Plantae Davidianae ex Sinarum Imperio.* Vol.1. Paris: G. Masson.

Suoming Zhang, Guiling Zhao and Guoqiang Lin (1997). Two norditerpenoid alkaloids from *Delphinium siwanense. Phytochemistry*, 45(8): 1713–1716.

Suoming Zhang, Qingyu Ou (1998). Norditerpenoid alkaloids from *Delphinium siwanense* var. *leptogen. Phytochemistry*, 48(1): 191–196.

Yumin Shu *et al.* (2017). Checklist and typification of *Parnassia* (*Celastraceae*). *Phytotaxa*, 309(1): 1–22.

巴勒斯（2015）．醒来的森林．杨碧琼译．上海：上海译文出版社．

宝贵贞（2013）．天主教与近代内蒙古地区乡村建设．宗教与民族（年刊，基督宗教研究专辑）：208–214.

波音（2019）．草与禾：中华文明4000年融合史．北京：中信出版集团．

崇礼县地方志编纂委员会编（1995）．崇礼县志．北京：中国社会出版社．

代波（2009）．金叶榆、家榆光合特性及抗寒性的比较研究．河北农业大学硕士学位论文．

戴建兵、崔晓培、罗志斌（2007）．清末民国时期河北省天主教传布的范例——张庄和西湾子．董仲舒与河北历史文化研究：河北省历史学会会议论文集．

樊祺诚等（2005）．岩浆底侵作用与汉诺坝现今壳–幔边界组成——捕虏体岩石学与地球化学证据．中国科学（D辑：地球科学），35（1）：1–14.

高鸿宾（2017）．清实录·察哈尔卷（附宣化府·口北三厅）．天津：天津出版传媒集团．

高乐康（1947a）．血泪话崇礼．圣心报．张帆行节译，61（10）：320–324.

高乐康（1947b）．中共治下的崇礼县．太平洋（北平），1（3）：33–42.

耿升（2008）．遣使会传教士在华活动考述。中西文化研究（澳门，半年刊），（1）：1–18.

郭敬（2013）．"十年滑雪记"第9楼跟帖 // "绿野"BBS：bbs.lvye.cn/thread-913659-1-1.html，12月31日．（2021年2月20日访问。）

郭志勇（2019）．《名古屋议定书》下我国的惠益分享权利与义务研究．南方论刊，（6）：57–59.

国民党行政院编（1947）．共军屠杀崇礼纪实．国防部新闻局印行．北京大学图书馆收藏．（正文共收录报刊上已经发表过的10篇文章，前有"告读者"，后附有《文汇报》的一篇"谬文"。）

韩超、袁智慧（2020）．张家口文史荟萃．石家庄：花山文艺出版社．

韩琦（2019）．康熙皇帝·耶稣会士·科学传播．北京：中国大百科全书出版社．

郝建文、王文丽（2015）．河北省民间寺庙壁画挖掘与保护研究——以崇礼关帝庙为例．中国文化遗产，（1）：94–97.

鸿生（1946）．共军的一笔血账：劫后的崇礼．时代周刊，（27）：5.

侯金卓、李永福（2020）．晋商会馆戏楼文化研究．山西高等学校社会科学学报，32（3）：68–72，77.

侯丽娟（2004）．乾隆帝赐直隶总督周元理诗 // 御赐直隶总督诗文选．张媛主编．北京：中国文史出版社：129–155.

胡忠良（2005）．从清代档案看"百年禁教"时期西洋天主教在华内陆的潜渗及生存状态．故宫博物院八十华诞暨国际清史学术研讨会（8月26日）．

扈仲荣、袁说友等辑（南宋）．成都文类．明刻本．

黄信（2019）．冬奥村中的太子城，真住过太子吗？光明日报，6月30日．

黄信、胡强、魏惠平、任涛、王培生、吴占钦（2019）．河北张家口市太子城金代城址．考古，622（7）：77-91.

江翠峰（2012）．槲寄生的生物学特性及人工种植．农民致富之友，（6）：156.

蒋志刚（2014）．中国动物园．北京：中国环境出版社．

金光群（1982）．一个骗局："崇礼惨案"采访经过．新闻与传播研究，（5）：46-51.

金姝（2018）．张垣印记——金姝文辑．北京：中国言实出版社．

金渭（元）．观舆图有感五首//御定历代题画诗类·卷三．

拉铁摩尔（2008）．中国的亚洲内陆边疆．唐晓峰译．南京：江苏人民出版社．

兰池（2017）．“新清史”视野下平定准噶尔的历史书写．西北民族大学学报（哲学社会科学版），（1）：92-98.

乐天宇（1986）．收缴西湾子天主教堂的武装//崇礼文史资料（第一辑）．内部资料：35-38.

李晨晖（2010）．明清时期张家口成为中国北方重要贸易集市的过程及条件．忻州师范学院学报，26（4）：98-100.

李鸿章、黄彭年等（1934）．续修四库全书·史部·畿辅通志·卷十．商务印书馆影印清光绪十年刻本．

李鸿章等修、黄彭年等纂（1934）．续修四库全书·史部·地理类．商务印书馆影印清光绪十年刻本．

李凯（2005）．王好古《医垒元戎》学术思想研究．河北医科大学硕士学位论文．

李秀江（2006）．诗人外交家李肇星．小康，（8）：34-37.

李志学（1992）．中俄恰克图贸易述评．暨南学报（哲学社会科学版），（2）：116-121.

梁晨霞等（2014）．内蒙古大青山发现长尾山椒鸟．动物学杂志，49（3）：356.

林道心（2003）．中国古代万年历．石家庄：河北人民出版社．

刘冬梅、吴晓莆、关潇（2016）．我国动物遗传资源迁地保护与管理．世界环境，(S1): 22-25.

刘华杰（2016a）. 崇礼野花. 北京：中国科学技术出版社.

刘华杰（2016b）. 奥林匹克精神中的游戏与自然. 中国科学报，8月26日：第7版.

刘华杰（2017）. 延庆野花. 北京：中国科学技术出版社.

刘华杰（2019）. 为北京命名一条"槲寄生大道". 科普时报，1月4日：第4版.

刘焕金等（1989）. 山西庞泉沟长尾山椒鸟种群数量. 四川动物，(1)：44-45.

刘瑞（2001）. 吉林省蛟河橄榄石宝石矿床地质特征及成矿条件研究. 地质与勘探，(6)：17-19.

刘燕、李楠（2013），"怪"树长瘤，能吃还有黄瓜味. 潍坊晚报，8月27日：第A5版.

刘振瑛（2018）. 话说当年大东口. 张库大道［张家口张库大道历史文化研究会，冀出内准字（2018）第AB002号］，(2)：18-25.

刘振瑛主编（2019a）. 品读张家口堡. 北京：研究出版社.

刘振瑛主编（2019b）. 品味大境门. 北京：研究出版社.

刘振瑛主编（2019c）. 品评张库大道. 北京：国家行政学院出版社.

路联逵、任守恭（1933）. 万全县志.

罗薇、吕海平（2019）. 塞北天主教圣地西湾子主教座堂建堂始末. 南方建筑，(4)：43-47.

马齐、朱轼等（清）. 圣祖仁皇帝实录. 三卷. 清内府抄本.

马戎（2017）. 如何认识"跨境民族". 北京大学中国与世界研究中心报告（总第116号），(2)：1-22.

倪玉平（2020）. 清史（1616—1840）. 北京：人民出版社.

牛国祯、梁学诚（1988）. 张库商道及旅蒙商述略. 河北大学学报（哲学社会科学版），(2)：6-11.

牛晓云（2016）. 张家口市崇礼县清代关帝庙壁画中国画元素的研究. 河北师范大学硕士学位论文.

濮德培（2018）. 万物并作：中西方环境史的起源与展望. 韩昭庆译. 北京：生活·读书·新知三联书店.

祁海艳（2010）. 光胁迫对中华金叶榆叶色及光合特性的影响. 东北林业大

学硕士学位论文.

秦雄褒、朱青选（1751）.（乾隆）五寨县志. 抄本. 居安堂藏版.

邱家骧、李昌年、马昌前（1986）. 汉诺坝玄武岩板块构造环境及岩浆成因机理的分析. 岩石学报,（3）：1-11.

仁民（1947）. 从"崇礼血案"中认识中共. 时代（重庆）,（32）：7.

沈爱民（2016）.《崇礼野花》：人生旅程中记得看花. 科技日报, 9月9日：第4版.

斯达理, G.、庞, T. A.（1994）. 法国耶稣会传教士巴多明关于满文的书信. 黄锡惠译注, 刘敏校. 满语研究,（2）：94-99.

孙登海（2019）. 崇礼"太子城"由谁兴建？为何起名"太子城"？河北日报, 8月9日.

田建文、李永敏（2005）. 马村砖雕墓与段氏刻铭砖. 文物世界,（1）：12-19.

王华灼（1946）. 崇礼浩劫. 中央日报（永安）, 12月29日：第6版.

王慧芬等（1985）. 张家口汉诺坝玄武岩 K-Ar 年龄计时. 地球化学,（3）：206-215.

王慧生、朱承明、郭耀（1986）. 崇礼县（近、现代）沿革//崇礼文史资料（第一辑）. 政协崇礼县委员会文史资料研究委员会编. 内部资料：1-16.

王庆成（1997）. 清代西教在华之环境——康雍乾道咸朝若干稀见文献考释. 历史研究,（6）：40-52.

王仁民、董卫东（1999）. 冀西北高压麻粒岩带构造环境的再思考. 地学前缘, 6（4）：347-351.

王思治、冯尔康（2010）. 康熙事典. 北京：紫禁城出版社.

王文丽（2016）. 清末关帝庙壁画技法分析——以河北省崇礼县上窝铺村关帝庙为例. 中国艺术时空,（5）：12-17.

王银泉（2010）. 清初耶稣会士巴多明中西文化科技交流活动述评. 云南大学学报（社会科学版）, 9（5）：88-94.

王永源（2016）. 张库商道研究综述. 内蒙古科技与经济,（15）：13-15, 17.

王长宝、杨洪升、徐增奇（2013）. 优良野生观赏植物槲寄生的观赏性及栽培特征. 中国园艺文摘, 29（2）：74-75.

王者辅、张志奇、黄可润（1744）.（乾隆）宣化府志.

王志新编（2005）. 崇礼方言与普通话辨正. 崇礼县语言文字工作办公室、崇礼教师进修学校. 内部资料.

王梓贞、张忠（2015）. 槲寄生人工栽培技术. 现代农业科技,（18）：108-110.

吴伯娅（2006）. 从新出版的清宫档案看乾隆年间的西学东渐//"西学与清代文化"国际学术研讨会, 中国人民大学.

武必泰主编（1992）. 五寨县志. 北京：人民日报出版社.

武平（2009）. 水晶屯长城诸景奇观//崇礼文史（第二辑）. 政协崇礼县委员会编：167-168.

西湾子代牧主教石（德懋）准（1937）. 西湾子教区公进月刊, 6月1日, 第三卷第六期.

西湾子代牧主教石（德懋）准（1937）. 西湾子教区公进月刊, 7月1日, 第三卷第七期.

向淮、王森文（1969）.（嘉庆）续修潼关县志. 台北成文出版社影印.

小峰（1947）. 崇礼惨劫纪：崇礼惨案的前因后果. 一四七画报, 9（2）：4-5.

谢国桢（1981）. 耶稣会士利玛窦、巴多明等在中国. 紫禁城,（2）：10-11, 14.

谢蔚明（1947）. 劫后崇礼行. 和平日报, 1月6日, 1月8日, 1月15日, 均在第2版.（此系列报道全部收录于国民党行政院1947年编的小册子《共军屠杀崇礼纪实》第43-57页。）

谢彦军（2000）. 周元理//直隶总督传略. 张淑霞主编. 北京：中国文史出版社：84-89.

徐靖等（2012）.《遗传资源获取与惠益分享的名古屋议定书》核心内容解读及其生效预测. 植物遗传资源学报,（5）：720-725.

徐志安（1990）. 崇礼县正确贯彻宗教政策一例. 中国天主教,（4）：51.

许闻诗（1935）. 张北县志. 陈继淹监修.

许再富等（2008）. 我国近30年来植物迁地保护及其研究的综述. 广西植物,（6）：764-774.

玄烨（清）. 诗六首//钦定热河志·卷十三. 和珅等编. 乾隆四十八年刻本.

薛达元（2007）. 遗传资源获取与惠益分享：背景、进展与挑战. 生物多样性，（5）：563-568.

杨成（2011）. 话说崇礼. 呼和浩特：远方出版社.

佚名（1947）. 中共在崇礼的大屠杀. 新闻导报，9：18-19.

佚名（1987）. 一块匾额的由来//张家口文史资料（第十一辑）. 张家口日报社印刷（冀出内字第1229号）：92.

易华（2012）. 夷夏先后说. 北京：民族出版社.

钰（1947）. 崇礼惨劫. 铁报（上海），1月11日：第1版.

垣志人（2016）. 全歼崇礼守敌之——"崇礼之役". 微信公众号"张垣方志"，12月9日.（2021年4月6日访问。）

苑城（2019）. 崇礼第一家滑雪场停业始末. 户外探险，（11）：http://t.cn/A6cy1ZqF.（2021年2月25日访问。）

云彩鳞等（2008）. 泡囊草不同炮制方法对急性毒性和药效的影响. 中国民族医药，（3）：57-58.

张崇发（1987）. 三百年前的爱国主义——塞外正沟石刻考察记//张家口文史资料（第十一辑）. 张家口日报社印刷（冀出内字第1229号）：52-54.

张冀峰（2020）. 关于"内外一统"石刻. 私人通信，11月13日.

张家口西湾教区公进区指会主编（1935）. 西湾（子）教区公进月刊，10月7日，第一卷第一期.

张明（2010）. 邢台古戏楼综述. 文物春秋，（5）：51-56.

张胜坡（2019）. 青海古柽柳林保护方案之争. 新京报，12月20日：第106版.

张欣（2015）. 晚清张家口地区教案研究. 河北师范大学硕士学位论文.

张哲、梁睿、童达鹏（2020）. 太锡铁路太子城—大囫囵线路方案研究. 中国铁路，（11）：88-93.

张志强（2016）. 超越民族主义："多元一体"的清代中国——对"新清史"的回应. 文化纵横，（2）：94-103.

赵汸（元）. 东山存稿·卷一//钦定四库全书.

郑丰杰（2006）.《医垒元戎》仲景学术思想探讨. 辽宁中医杂志，33（7）：801-802.

政协崇礼县委员会文史资料研究委员会编（1986）. 崇礼文史资料（第一

辑）．内部资料．

中央社北平（记者）（1946）．揭穿共军暴行，崇礼遭蹂躏情形为古今所未闻，傅作义招待记者请往实地视察．福建日报，12月29日：第2版．

中央社张家口（记者）（1946）．崇礼惨案创世界杀人新纪录．嘉区民国日报，12月19日：第1版．

中央社张家口（记者）（1947）．共军血染崇礼纪实．南光报，（38）：12–13.

周游（2002）．大斑芫菁（*Mylabris phalerata*）的生长发育及斑蝥素（Cantharidin）的应用基础研究．华中农业大学硕士学位论文．

周月玲等（2019）．尚义—赤城断裂最新活动迹象及构造含义．科学技术与工程，19（2）：40–46.

周云、陶宗冶（2015）．张库古商道历史分期之管见．张家口职业技术学院学报，28（3）：1–3.

朱承明、郭耀（1984）．崇礼县天主教历史沿革概况（参考资料）//崇礼文史资料（第一辑）．政协崇礼县委员会文史资料研究委员会编．内部资料：17–34.

朱昱海（2015）．法国遣使会谭卫道神父的博物学研究．北京大学哲学系博士学位论文．

朱阅平主编（2009）．崇礼文史（第二辑）．政协崇礼县委员会编．内部资料．冀出内准字（2009）第AZ007号．

朱阅平主编（2011）．崇礼文史（第三辑，旅游专辑）．政协崇礼县委员会编．内部资料．

朱阅平主编（2013）．崇礼文史（第四辑）．崇礼县文史工作委员会编．内部资料．冀出内准字（2013）第AZ014号．

朱阅平主编（2014）．你所不熟悉的革命老区——崇礼．北京：知识产权出版社．

朱阅平主编（2015）．崇礼辽代文化研究．崇礼县辽代文化研究会．内部资料．冀内出准字（2015）第AO 001号．

猪八牛（2013）．十年滑雪记//"绿野"BBS：bbs.lvye.cn/thread-913659-1-1.html，12月31日．（2021年2月20日访问。）

左承业（1742）．（乾隆）万全县志（察哈尔）．线装4册．

后 记

> 云淡风轻近午天，傍花随柳过前川。
> 时人不识余心乐，将谓偷闲学少年。
>
> ——（明）程颢《春日偶成》

巴勒斯说："书写，只是再一次地、更精细地回味我在田野或林间度过的假日。""写书带来的唯一结果，是为自己重现旧日生活。"（巴勒斯，2015：3）

崇礼，地名本身就很美。草木更美，值得反复在地欣赏。

坦率说，我写此书是非常自私的，跟写《檀岛花事》一样，首先是写给我自己的，整理和保存记忆。字里行间似乎为了读者，也许那是不得已。可以辩护的一点是，如果对自己都不用心，怎么能更好地为别人服务？

在后记里，基于个人多年来的观察、认知，也想提出若干建议。说了可能白说，但不说白不说。为了崇礼的明天更美好，也为了游客的利益，建议如下：

规划建设崇礼自然博物馆，专门收藏和展教本地地质、动物、植物、生态相关标本，开展"人与自然和谐关系"教育，促进"像山那样思考"，推动生态文明，让"绿水青山就是金山银山"理念深入人心、落到实处。

崇礼区应慎重引种外来物种，禁止继续栽种火炬树等有害树种。植树造林宜充分考虑生态、生物多样性，不宜大片山坡只栽种少数几种甚至仅一种树木。

高海拔的山坡和山顶风大土层薄,不宜栽种松属等乔木。要相信大自然的智慧,有"变焦思维",善于长程思考。比较稳妥的策略是仅在适当的地方栽种本土树木,多数地方只适合养草、种草或少量栽培本土低矮灌木。

已有的人工林有相当一部分植株过密,林下生物多样性很低。宜适当间伐,让更多本土物种生长于其间。

村庄周围、山沟甚至半山腰,垃圾非法倾倒现象不断,多年来并未得到有效治理,建议政府有关部门负起责任。塑料垃圾挂满树枝,与举办冬奥会的气氛也不相称。

《北京冬奥地图》(局部),邱志杰绘。感谢实验艺术家、中央美术学院实验艺术学院院长邱志杰先生惠允在本书中使用。画面中集成了冬奥会诸多元素,如山岭、雪道、兴延高速、太子城高铁站、金代太子城考古遗址公园、会展中心、运动员村、国家滑雪中心、小海陀山、张家口赛区、延庆冬奥村、雪如意、冰玉环、国家冬季两项中心、古杨树、大回转、超级大回转、滑降、雪橇、雪车、怀来、鸡鸣驿、王濛、杨杨、莉迪亚·斯科布利科娃、让·克洛德·基利、索娅·海妮、克里斯塔·罗滕伯格等。

建议禁止采挖、栽种野生的白桦、蒙古栎等大树。建议加强本土苗木的培育，注意特色种质资源的收集、保护，尽早向本地区和附近地区提供种苗和草种服务。

注意当地野菜、野果、草药资源的编目、标本采集和保护，做到可持续利用。

完善区内百千米以上步道系统规划、建设，分段给出恰当命名，编制相关生态旅游、博物导赏手册，建立报警、监控、救援、补给系统。步道建设要因地制宜，尽可能减少对自然风景和生态的损害。

近几年来，若干工程有扩大化倾向，导致河谷、山坡、山梁自然生态遭受某种不必要的破坏，建议有关部门严格按规划施工、监管，减少破坏。若干工程有行为短期化倾向，在防洪、防泥石流等方面风险意识淡漠，设计和施工均存在问题，为未来崇礼的生存和发展埋下了隐患。

对区内风电企业宜严加约束，对其因安装和维修风机而肆意开挖山路、破坏生态和景观的行为进行规范、监管，要求合理的经济补偿，限期恢复山地生态。对于无法达标者，要依法严肃处理。

许多已禁牧的区域并未严格实施有关政策和法规，应依法规范区内放牧和耕地，加强管理。

整个张家口市各区县的诸多高速公路服务区没有充分发挥窗口展示、宣传作用。目前服务区偏小，服务不周，甚至连基本的加油服务都无法实现。这些服务区对张家口市，特别是崇礼区来说，是实际向外界展示本地历史、文化、经济社会发展风貌的重要场所，是电视台、电台、互联网展示无法取代的。当地政府和企业宜向发达国家和地区学习，与路政管理部门和相关企业充分合作，利用好这样的特殊"展馆展台"。此外，按道路交通法规等有关要求，目前的服务区数量依然偏少。参照发达国家的高速服务区，崇礼的高速服务区宜提供中高档餐饮服务（目前的档次实在太低）和购物服务，邀请一些知名咖啡馆、书店、特产店、时装店、滑雪场与旅游度假中心服务部门入驻。

河北与北京之间道路衔接的老大难问题始终未得到解决，这既涉及硬件问题，也涉及软件问题。建议在省一级和国家层面彻底解决，使京津冀一体化落到实处。目前的状态是客货依然不分，进京、返京查验过程技术含量不高，费时费力，民众怨声载道，有关部门置若罔闻。

崇礼区的交通、教育、文化、考古、文物、林业、出版、宗教、旅游管理等部门宜编写实用的地图、折页、手册，充分介绍区内的交通、历史、自然、习俗、旅游资源等。其中有的应在各酒店、汽车站、高铁站、滑雪场免费提供，有的可以出售。目前这方面的工作实在太差，与崇礼的地位完全不匹配。

长远看，崇礼区将是重要的旅游度假胜地，前景看好，但是区内广大农村地区缺乏现代化的人才，根本适应不了社会发展的需求。农村大量民房废弃，稍有点儿文化的都进城了，缺少年轻的高素质人才，不可能有未来。河北省或张家口市宜制定特殊的人才政策、土地政策，吸引大学生、研究生毕业后来此创业、定居，建设美丽乡村。

崇礼区有独特的自然与人文条件，非常适合开展中小学生甚至成年人士的户外研学、自然体验活动，可结合区内较好的酒店食宿条件、滑雪场林地和雪道在非雪季进行。既可以平衡收支，也可更大程度地发挥硬件的作用。问题是，观念落后，缺乏基本的植物志、动物志、研学手册、适合本地条件的课程开发。说到底，还是缺少有创新意识的人才。现在，崇礼区特别需要当年郭敬、罗力那样有想法、有魄力、敢实践的人物。

崇礼区应当充分利用好北京、天津甚至全国全世界的人才、文化资源，在此地多举办一些无直接商业考虑的纯粹文化活动。这是一种"曲线救国"办法，看似无关当下经济发展，但实际上影响力很大。崇礼现在并不缺资金，却显然缺文化、缺品位、缺对美好愿景的想象。国家对崇礼的支持是史无前例的，全世界找不到第二例。想一想修建高铁、高速路，为这里争取到冬奥会举办地，这些是何等实质性的帮助，本省本市本区没有不努力的理由，没有做不好的借口。当然，外界所有关心、热爱崇礼的人，也应当尽自己的一份力。

我对崇礼区的了解仍然是九牛一毛，许多该考察的工作还没有做。2021年5月我的身体突然出了点问题，仍坚持多次驾车到崇礼核实物种，完成书稿。生死由天吧，却也希望好起来，但愿这不是我最后的一本书。

感谢中国科学技术出版社、北京大学出版社、北京奥林匹克公园会议中心、凤凰卫视拍摄团队、张家口市崇礼区科学技术协会。感谢中国科学院植物研究所刘冰先生审核本书中的植物分类。感谢杨虚杰、沈爱民、丁长峰、南兆旭、田文芳、李潘、刘铁飞、邱志杰、尹传红、王洪波、李芸、李婧璇、李元胜、严莹、半夏、刘冰、王康、林秦文、张冀峰、李敏、孙英宝、李聪颖、刘天天、郭敬、杨成、刘全儒、龙春林、崔国发、张玉钧、冯淑珍、黄林芳、孟世勇、史军、田松、刘孝廷、韩琦、苏贤贵、王钊、熊姣、李异、郭莉、丁月为本书写作和出版提供的各种帮助。关雪琳、刘凌子为本书的材料收集、图片准备、书稿校对等做了大量具体工作，更重要的是她们给了我精神上和生活上的全方位支持，谢谢！

2021年5月15日于肖家河
2021年6月3日于崇礼

崇礼区四种有特色的山地植物：长毛银莲花、胭脂花、箭报春、长瓣铁线莲。2016年李聪颖绘制。

左图　毛茛科路边青银莲花（*Anemone geum*），花的颜色多种多样。2021年6月23日。主要分布于密苑云顶的漩花梁上，花期为6月中旬。有人在别处拍摄到花萼片为白色、淡黄色、粉红色、淡紫色、深蓝色的植株。

右图　中国黄花柳。2021年5月22日摄于太子城高速出口东北部山梁。

A NATURAL HISTORY OF CHONGLI

Abstract: Chongli District (Siwantze), Zhangjiakou (Kalgan) City, Hebei Province, is a multi-ethnic residence, a meeting place of Eastern and Western cultures, and an intersection area of "crop" and "grass" near the belt of the Great Wall. There are several high-quality ski resorts here, and part of the ice and snow events of 2022 Winter Olympics will be hosted here. The French naturalist Père Armand David collected plant specimens such as *Delphinium siwanense* and *Artemisia brachyloba* here in 1862. This introductive book for travelers and researchers covers the natural and cultural dimensions of Chongli from the perspective of natural history, including its administrative history, dialect, geographical and geological characteristics, especially its unique wild plants.

Author: Huajie Liu, a leading scholar of cultures of natural history at Peking University. His research interests include philosophy of science, sociology of scientific knowledge and indigenous knowledge. In recent years, he devoted himself to the reviving of the natural history. He is the author of *Semantics and Philosophy of Chaos, Fractal Art, Living as a Naturalist, Landscapes that Can Be Seen, Personal Encounters with Plants, Botanical Journey in Hawaii, A History of Menghai's Native Plants*. He is the Chief editor of *Chinese Journal of Natural History* published by the Commercial Press.

Contents

Foreword

Chapter 1 Geography and geology of Chongli (Siwantze)

1.1 Location and traffic
1.2 The name of Chongli
1.3 Remembering of Guo Jing
1.4 Chongli dialect
1.5 Low temperature and no mosquitoes
1.6 Hanoorpa basalt
1.7 Interesting sites near Chongli

Chapter 2 Fractal frontier

2.1 Governance golden law is not in the Great Wall
2.2 Head mountain: spring flowers
2.3 Taizi City and Xanadu Taihe
2.4 Taonan Village and ancient opera building
2.5 Comic strips in a temple of Guan Yu
2.6 Hanjia Village adjacent to four counties

Chapter 3 Old stories about Siwantze

3.1 *Peace Daily* reporter Xie Weiming
3.2 Kuomintang media's smear
3.3 Belgian François Legrand's narrative
3.4 Inside story by *Wenhui Daily*
3.5 Church and catholic believers
3.6 "Big Bishop" disarming the church
3.7 A brief history of the catholic religion in Siwantze
3.8 Qing Court's attitude towards the missionaries

Chapter 4 Wild flowers in Chongli

4.1 OODA ring for naturalist
4.2 *Delphinium siwanense*
4.3 Poppy planting industry in Japanese occupied period

- 4.4 "Ground beans" and four specialty products
- 4.5 Dajing Gate
- 4.6 *Odontites vulgaris*
- 4.7 *Iris tigridia* and *Physochlaina physaloides*
- 4.8 Learn to appreciate *Artemisia brachyloba*
- 4.9 Be careful about speaking ex-situ conservation
- 4.10 Shade trees and roadside hedge
- 4.11 Planting *Viscum coloratum*
- 4.12 *Lonicera hispida* and *Ribes pulchellum*
- 4.13 Attracting from genus *Androsace* plants
- 4.14 Across Chongli from southeast to northwest
- 4.15 *Primula fistulosa* and *Thlaspi cochleariforme*
- 4.16 Hair Hawthorn, *Pyrola asarifolia* subsp. *incarnata* and *Stellaria cherleriae*

Chapter 5 Inscription "unification of interior and exterior"

- 5.1 *Zhangbei County Chronicles* of the Republic of China
- 5.2 Zhang Zicheng
- 5.3 Wrongly informed "sergeant" and "literati"
- 5.4 Stone carving "unification of interior and exterior"
- 5.5 Grinding cliff stone to record the emperor's merit
- 5.6 Alternative guess on Zhang Zicheng's death

Chapter 6 Plants atlas

Chapter 7 Image records

Reference

Postscript